MARÍA ANTONIETA COLLINS

Si yo pude... ¡tú más!

María Antonieta Collins es una de las periodistas más respetadas en Estados Unidos y América Latina. Es la única periodista hispana que ha trabajado en las tres cadenas de televisión más importantes en español: Televisa, Telemundo y Univision, donde actualmente es Senior Special Correspondent. Su programa radiofónico *Casos y cosas de Collins* se retransmite semanalmente desde hace diez años a más de 70 ciudades. Es columnista del diario *El Nuevo Herald*. Por su trabajo periodístico ha sido galardonada con 7 premios Emmy y los prestigiosos premios Edward R. Murrow y Peabody. Es autora bestseller de numerosos libros, entre los que se encuentran *¿Quién dijo que no se puede?*; *Cuando el monstruo despierta*; *Porque quiero, porque puedo y porque me da la gana*; *¿Muerta?... ¡Pero de la risa!*; y *Fidel y Raúl, mis hermanos: la historia secreta,* que fue un bestseller en 2009. Es experta en temas del Vaticano, estudiante de piano clásico y activista a favor de animales abandonados. Tiene tres hijos y reside en Miami. Su hija Antonietta colaboró en este libro.

Si yo pude... ¡tú más!

Si yo pude…
¡tú más!

María Antonieta
COLLINS

VINTAGE ESPAÑOL
Una división de Penguin Random House LLC
Nueva York

PRIMERA EDICIÓN VINTAGE ESPAÑOL, MARZO 2021

Información de catalogación de publicaciones disponible en la Biblioteca del Congreso de los Estados Unidos.

Vintage Español ISBN en tapa blanda: 978-1-9848-9827-2
eBook ISBN: 978-1-9848-9828-9

Para venta exclusiva en EE.UU., Canadá, Puerto Rico y Filipinas.

www.vintageespanol.com

Impreso en los Estados Unidos de América
10 9 8 7 6 5 4 3 2 1

Si yo pude… ¡tú más!

PRÓLOGO

Miami, Florida, 29 de febrero de 2020

Cuando pienso en mujeres que me inspiran, María Antonieta Collins siempre encabeza la lista.

Ella para mí es como una especie de súper heroína estudiosa y disciplinada que sin capa y con botas de hule cruza túneles en México deshaciendo los pasos del Chapo Guzmán, o corre por el Vaticano en tenis después de hacer un programa en vivo de cuatro horas montada en un techo que mira a la Plaza de San Pedro, mientras repite de memoria la historia de cada columna que hay alrededor.

Yo estaba convencida de que María Antonieta Collins (MAC) no era como cualquiera de nosotras… hasta que leí este libro.

Pero antes de explicarles por qué, les quiero contar que la conozco desde hace más de veinte años.

O mejor dicho, desde hace más de veinte dietas.

Recuerdo que Cristina Saralegui creó en su *show* un "Club de la Salud", del que MAC y yo fuimos las socias fundadoras, y podíamos pasar horas hablando de fórmulas para bajar de peso.

Éramos las primeras en enterarnos cuáles eran las pastillas nuevas que quemaban grasa, o en qué consistía la dieta Atkins. Nos sabíamos de memoria el sabor de todas las galleticas de Dr. Siegal. Sí, nuestra amistad siempre giró en torno al peso.

Cuando se cortó un pedazo de estómago para deshacerse de las libras que tanto la atormentaban, me lo explicó con la misma pasión con que siempre relata sus crónicas. Me contó que su estómago era tan grande como un galón de soda (y yo me imaginé el mío igualito al de ella) y también me dijo que su vida iba a cambiar después de esa operación.

Hoy, después de leer este libro, puedo confirmar que gracias a esa operación también va a cambiar la vida de todos sus lectores. Y es que, en cada página de este libro, María Antonieta Collins siembra una semilla de fuerza de voluntad que les va a hacer entender (como a mí y aunque no tengan planes de operarse) que si ella pudo, nosotros también.

Los va a hacer levantar de esa silla...

Les va a inyectar fuerza para salir a buscar eso que el miedo no los deja alcanzar.

Los va a empapar de amor por ustedes mismos.

Aunque no lo parezca, y lo van a descubrir leyendo este libro, ella sí es como uno: siente miedo, hambre y flojera. Pero en lo que nos gana a todos es que siempre, siempre, sabe cómo vencerlos. Sabe perfectamente que la clave es tomar acción.

Por eso María Antonieta Collins es una triunfadora. Porque cree en ella misma y siempre cumple lo que se promete.

Por eso pudo quitarse de encima 83 libras de infelicidad.

Por eso hoy luce mejor que una de treinta y las dobla en energía...

Por eso cumplió su sueño de hacer el Camino de Santiago y subir a Machu Picchu.

Por eso cada proyecto que empieza siempre tiene éxito.

Este libro es una invitación a ser feliz y, aun más importante, en cada página les dice claramente cómo lograrlo...

Activando a esa Collins que todos deberíamos llevar siempre por dentro.

Luz María Doria
Periodista, autora y motivadora

PRIMERA PARTE
(CÓMO LLEGUÉ A MI NUEVA VIDA)

DÉJAME CONTARTE COMO EMPEZÓ LA HISTORIA...

Me veo en el espejo del "Family room" de mi casa y gozo de algo mundano y placentero: me doy cuenta de que, desde hace seis años, por primera vez en mi vida me gusto tal y como soy.

Sí, eso mismo.

Se oye feo y pretencioso, pero es verdad: me gusto mucho.

Estoy casi llegando al "séptimo piso" de la vida, es decir, a los setenta años de edad y cada vez estoy más feliz conmigo misma... como nunca antes lo había estado.

Me repito esto mientras me observo de pies a cabeza, vestida de un color rojo antes impensable, que llama la atención como capote de torero, y con un labial rojo que grita "mírame a fuerza", imposibles de utilizar en el pasado.

Hace años que no uso a diario el color negro que tanto me cobijaba y que, de paso, disimulaba los rollitos de grasa que se notaban debajo de cualquier vestido. Y me doy cuenta de que no estoy de duelo por haberlo dejado atrás...

Recapacito en el pecado de la vanidad y digo para mis adentros: ¿Vanidosa? ¡Sí!

Y... ¿qué hay de malo en eso?

Entonces me permito serlo por un rato frente al espejo.

Observo mi cuello y la barbilla, y sonrío feliz.

Por primera vez puedo ver que no tengo papada, y que no hay grasa alrededor.

Miro el calendario y caigo en cuenta de que hace seis años me hice la operación de la "manga gástrica", tras la cual he rebajado 83 libras de peso en un cuerpo que mide únicamente cinco pies y dos pulgadas. Fue una exitosísima cirugía bariátrica realizada por el doctor Moisés Jacobs, patriarca de esta operación en la Florida. El doctor Jacobs me quitó el 82 por ciento de un estómago que me estaba dando más problemas que las ventajas para las que fue creado originalmente en el cuerpo humano.

Soy feliz. Soy la nueva Collins.

Y de paso soy la mujer que siempre soñé ser: flaca de nuevo como cuando tenía quince, dieciséis, dieciocho años… ¿Y quién no lo desearía?

Pesar solamente 115 libras me permite respirar mejor, hacer ejercicio a diario, cuidar el tamaño de mi estómago… Todo en la vida me sonríe… Es un éxito.

Pero solo mi mente y yo conocemos la lucha interna que libro cada día, aunque con el paso del tiempo es cada vez menor, pero sigue ahí, con ese monstruo apocalíptico en lo profundo de mi cerebro que está esperando atacarme y que me encuentra lista para vencerlo…

Hay madrugadas en las que me despierto sudando, angustiada, llorando… Tengo pesadillas en las que esto que les he narrado —que perdí seis tallas, de la 16 a la 4, y 83 libras de peso— es mentira y que sigo obesa y enferma… Que el haber vencido mis monstruos es algo que soñé tan intensamente que me lo creí, pero que no es verdad y que sigo como antes. Que no ha habido ningún cambio porque estoy igual que hace seis años…

Y tiemblo de miedo y angustia.

En el sueño el llanto amenaza con ahogarme, especialmente cuando me veo en el espejo. Sí, ese mismo espejo del "family room" que me muestra como era antes de febrero de 2014: Visto una túnica negra y pantalones negros, zapatos bajos porque mi cuerpo no resiste tacones y mi cara es una circunferencia con una hinchazón que se nota a leguas de distancia... Doy un grito... y es tan fuerte que este no solo despierta espantados a los habitantes de la casa, sino también a mí misma... Afortunadamente, al despertar me encuentro con la realidad.

Sentada en la cama, bañada en sudor, me doy cuenta de que eso que me aterró segundos antes fue un sueño perverso, pero solo un sueño. Me levanto rápidamente y corro al espejo.

Al verme despierta respiro aliviada: ¡Ufff! Estoy tal y como me gusto tanto, con mi nueva imagen de los últimos años: flaca y feliz.

¿Qué fue lo que sucedió más allá de la cirugía?

Muy sencillo: cambié radicalmente mi vida, mis hábitos y mis creencias. A continuación les voy a compartir mi historia para probarles que, con cirugía o sin ella, USTEDES son la únicas personas que pueden transformar sus vidas y que si yo pude... ¡USTEDES PUEDEN MÁS!

MARATONISTA A LOS SESENTA Y TANTOS...

SEPTIEMBRE DE 2018

La llamada de mi amigo Pedro Ultreras, periodista y maratonista trotamundos, me dejó (como dicen en mi pueblo) "con frío y con calor"; es decir, sin saber qué hacer ni qué decir.

Pedro no me hablaba para saber qué pensaba yo de lo que me iba a proponer, sino para proponerme directamente la idea más descabellada y extraordinaria que yo podría imaginar, con la que incluso había soñado, pero que sería muy difícil de realizar...

—Te llamo porque te he observado en los últimos años en tus videos en las redes sociales, y siempre te veo caminando por los aeropuertos o por cualquier ciudad a un ritmo que no es de paseo sino de ejercicio.

Hablar con Pedro es siempre reconfortante porque irradia una alegría que es difícil de encontrar en muchos seres humanos. Para él todo es posible. Todo. Y ese precisamente era el motivo de aquella llamada telefónica...

—Se me ha ocurrido una idea que vamos a hacer: te voy a inscribir en el Maratón de Miami en enero. No te digo más. Tienes tres meses para entrenarte.

Mi respuesta fue la lógica.

¿El maratón de Miami? ¿Yo? ¿Qué había tomado Pedro que le había infundido tanto ánimo?

—Sí, Collins, tú. La hora diaria y constante que vemos en tus videos y las cuatro millas que llevas más de tres años haciendo en tu caminadora significan algo: tu próximo paso es la calle.

—¿Cómo piensas eso Pedro? —respondí rápidamente—. Una cosa es hacerlo en mi casa y la otra es atreverme a andar por ahí afuera. Tú puedes porque eres mucho más joven que yo y porque estás acostumbrado a hacerlo. No es lo mismo para una mujer de sesenta y seis años de edad.

—Es exactamente lo mismo. Lo que sucede es que estás en tu colchón de comodidad y no quieres salir de él. Inténtalo. Sé que tú puedes.

—¿Cómo? Dime por favor cómo —supliqué.

—Como lo hacemos la primera vez: poniéndonos a entrenar. Atreviéndonos. Busca el apoyo de otros. No va a faltar quien quiera acompañarte. El maratón de Miami es divertido. Sé que puedes lograrlo; lo único que necesitas es comenzar. Entrena primero los fines de semana largas distancias, antes de que salga el sol, y después sigue entrenando a diario, que lo demás va a llegar solito. Nos vemos en enero en Miami.

Cuando acabó la llamada estuve segura de una cosa: mi cerebro estaba tan impactado con la propuesta de Pedro que no me pudo sabotear.

Pronto comenzó la búsqueda de las socias para entrenar. Las productoras Yvana Jijena y Silvia Salgado, compañeras de Univision, de inmediato dijeron: ¡Sí! Y acompañadas por Oreo —mi perrito rescatado de las calles y mi entrenador personal, que no cobró ni un centavo y que siempre estuvo listo para partir de madrugada—, comenzamos a prepararnos con el bendecido clima miamense.

Yvana y Silvia ya eran veteranas en los medios maratones,

como sería este. Nos preparamos sin faltar a la cita durante veinte fines de semana hasta que por lo menos nueve millas de las trece las recorríamos sin problema.

Quedaban las grandes interrogantes en mi cabeza. ¿Tendré las fuerzas suficientes? ¿Aguantaré? ¿Y si me lesiono? Yo, que tengo el estómago pequeño —de solo dos pulgadas de ancho, y que por tanto no puede almacenar mucha agua—, ¿cómo haría para hidratarme?

Mi hija Antonietta decidió venir desde Connecticut para acompañarme y correr ella el maratón completo, mientras su madre hacía el medio maratón, es decir las 13.1 millas (o sea, 22 kilómetros). La noche anterior fue de descanso y pronto estuvimos listas para la primera gran prueba.

26 DE ENERO DE 2019

Pedro Ultreras llegó a Miami justo para el maratón. Dejó pendientes sus asignaciones en el noticiero Univision para cumplir con su promesa de apoyarnos ese día.

Apareció como siempre: vistoso en sus atuendos. O corre con una máscara de Lucha Libre o vestido del verde, blanco y rojo de la bandera mexicana, además de traer otra insignia patria que se cuelga como capa.

Hacia las cinco de la mañana el grupo estaba en el sitio desde donde partiríamos y, en menos tiempo del que pensé, ya íbamos de camino. Pedro nunca se separó de nosotras. Estaba más que dispuesto a obsequiarnos su tiempo siendo nuestro *coach*, nuestro guía, nuestra mano amiga. A ratos iba conmigo, y a ratos con Yvana o Silvia, que también lo necesitaban.

En uno de esos tramos en que la soledad invita a la reflexión, y que yo utilizo para la oración, de pronto me di cuenta de que la fecha coincidía con algo que marcó el antes y el después de mi vida adulta: la cirugía bariátrica de la manga gástrica (o "gastric sleeve") que transformó mi cuerpo y mis días.

¡Me había operado exactamente cinco años antes! Un 27 de enero del año 2014.

Comencé a llorar al recordar el difícil momento que viví cinco años atrás, por la impotencia de lo que estaba viviendo físicamente. Pero lloré sobre todo por algo más importante: si alguien me hubiera dicho entonces que algún día sería capaz de correr un medio maratón, ¡le habría dicho tres cosas por burlarse de mí!

Pero ahí estaba yo, demostrándome a mí misma que los sueños pueden realizarse siempre y cuando haya constancia.

En mi vida previa a enero de 2014, con 83 libras de más, cualquier cosa que no fueran los dos mil pasos que en promedio caminaba por día, todo era una odisea. Prefería enfundarme en enormes blusones de color negro y caminar con zapatos bajos, porque mis pies inflamados hacía tiempo que no me permitían usar tacones.

Mi vida era comer y comer. Me daba excusas a mí misma pensando ilusamente "el lunes comienzo una dieta", cuando la verdad es que yo sabía que no tenía ni el interés ni la fuerza para cumplir aquello que recitaba a quienes preguntaran. Mi cuerpo me estaba pasando factura. Y bien pasada.

Pero cinco años después, la historia era diferente.

Uno a uno, los veintidós kilómetros del medio maratón fueron quedando atrás.

No fue fácil.

Hubo un momento crucial: cuando de pronto sentí que me faltaban las fuerzas... Momentos antes, en plena caminata, me había comido una barrita de energía. A ella le achaco lo que me sucedió después: casi de inmediato comencé a sentirme mareada y, sin explicación alguna, queriendo renunciar a la odisea de llegar a la meta del maratón.

Como el ángel del camino de Machu Picchu del que les hablaré más adelante, Ultreras apareció para escuchar lo que me estaba pasando y entonces me dio otra gran lección que les comparto.

—Mira como hemos venido hablando a pesar de que dices sentirte mal. Eso te prueba que es tu mente la que te está saboteando. Quien platica y sigue caminando a este ritmo no tiene ninguna enfermedad. No has bajado la velocidad. No es tu cuerpo el que está fallando. Es tu mente. Por alguna razón lo hace, quizá porque la estás retando con algo que no reconoce; quizá porque no tiene la costumbre. Ve tú a saber lo que guardan los escondites de la mente.

—Lo cierto —le dije—, es que me siento desfallecer...

—Te voy a dar otro elemento clave: si fuera tu cuerpo el que esta fallando... ya estarías en el suelo. El cuerpo muestra de inmediato las señales. No hay nada más claro. Si tu cuerpo sigue andando como vamos tú y yo en este momento, es la mente la que está intentando ordenarte que pares, pero tú siempre vas a tener una ventaja: puedes no hacerle caso y seguir adelante, aunque algo te diga que no.

Como si la providencia hubiera querido mostrarnos el ejemplo, de pronto un corredor que iba delante de mí se desplomó en la acera en medio de gritos de dolor por los calambres que sufría. De inmediato vinieron en su auxilio y tuvo que abandonar la carrera.

Pensé en Pedro y en el ejemplo que recién me había dado: la mente sabotea, ordena, y tenemos la opción de ignorarla... pero el cuerpo derriba.

El maratón siguió su curso y en menos de lo que pensamos

Silvia, Pedro y yo, entre vítores de gente desconocida que asiste a apoyar a los corredores, entramos en aquella meta final en Biscayne Avenue y todo nos supo a gloria...

¡Habíamos podido en contra de cualquier pronóstico!

Más tarde, en la celebración con Antonietta antes de que regresara esa misma noche a Connecticut, le dije algo que resultó profético...

He tenido tres sueños que hasta ahora, bien pasados los sesenta años de edad, no he podido cumplir... Uno, entrar a un maratón... Dos, hacer el Camino de Santiago de Compostela... Y tres, conocer Machu Picchu.

—Pues si te has dado cuenta, ya hoy cumpliste el primero: entraste a un maratón. Este fue medio maratón, pero pregúntate cuántas personas que siempre están pensando que van a cambiar sus vidas deciden hacerlo, y más aún... cuántas nunca lo hacen.

Quedaban pendientes el Camino de Santiago de Compostela en España y Machu Picchu en Perú...

Por algo se empieza. ¡Y ya había dado el primer paso!

PARA RECORDAR

- Aunque la mente trate de ordenarles lo que deben hacer, ustedes pueden no hacerle caso y seguir adelante (aunque otros nos digan que no podemos).
- Fijen sus metas a corto, mediano y largo plazo. Roma no se hizo en un día.
- Busquen un guía. Un modelo a seguir que sea su fuente de inspiración.
- Encuentren el apoyo de amigos y amigas que estén con ustedes a pesar de que quieran desistir.
- No den excusas para fallar. La primera excusa puede ser el final de lo que tanto quieren.

- No desoigan las señales del cuerpo. El cuerpo pasa factura. Pero deben identificar cuándo es verdaderamente cansancio y cuándo es flojera.
- Los sueños pueden realizarse siempre y cuando haya constancia.
- Atrévanse a salir de su colchón de comodidad. Inténtenlo. Repítanse que ustedes pueden.
- Sea lo que sea que hayan decidido... ¡Comiencen al día siguiente!

A LA CONQUISTA DEL CAMINO DE SANTIAGO

La estela de euforia que me dejó el Maratón de Miami me hizo sentir que podía lograr casi todo lo que creía imposible y, al mismo tiempo, me dejó una enorme tarea: revisar mis prioridades de los sueños por realizar… y cumplirlos.

Andaba yo desbocada, como "chivo en cristalería". No había quien me parara. Así, sin más, un día del mes de marzo de 2019 decidí que ya era hora de cumplir un destino mítico en mi vida: el Camino de Santiago de Compostela, en Galicia, España.

Había estado en Compostela como turista en dos ocasiones, y siempre sentí fascinación al ver a los peregrinos llegar polvorientos y sudorosos, pero con lágrimas de satisfacción, luego de andar días y días caminando a campo traviesa. Al observarlos, Fabio Fajardo, mi difunto esposo, me dijo algo que nunca olvidaré:

—¿Y estos locos qué tienen en la cabeza? ¿Qué motiva a la gente a caminar y caminar sin tener nada más que hacer durante días? ¿Todo por cumplir este recorrido? ¡No me lo explico!

¡Ay, Fabio! ¡No imaginas lo que he hecho desde que te fuiste de este mundo! Y, peor aún… lo que seguramente tu habrías tenido que hacer con esta Collins tan diferente de aquella mujer de hace más de una década, sedentaria y con 83 libras de más.

En aquel entonces mi vista se perdía en la majestuosa Plaza del Obradoiro, que no podía verse mejor que con todos aquellos hombres y mujeres, sentados en su piso mientras contemplaban la catedral gótica que es la tumba del apóstol Santiago.

En un arranque de utopía me prometí entonces que en alguna ocasión yo haría ese camino. Recuerdo que al hacerme aquella promesa, en la década de los ochenta, me dije a mí misma: "¡Estás loca, Collins! Loca y bien loca, porque borracha no estás". Bueno, pues ni loca ni borracha, y el momento había llegado.

Al son de... "¿qué tiene el Camino que yo no lo pueda hacer?" y sumergida aún en aquel éxtasis de adrenalina por haber cumplido el sueño de participar en un maratón, entré rauda a internet y comencé el proceso para apuntarme a realizar los últimos cien kilómetros —117 para ser más exactos— del llamado "Camino Francés". Eso era suficiente para cubrir el requisito de hacer —a pie, a caballo o en bicicleta— al menos cien kilómetros de la ruta que al final del camino te da derecho a recibir la acreditación llamada "Compostela"; la certificación oficial de que se es peregrino caminante, en nuestro caso desde la población de Sarria hasta Santiago.

La compañera ideal no era otra que Antonietta, mi hija, que siempre es la voz de la conciencia y el sentido común cuando a su madre le falla todo lo anterior.

—¿El Camino de Santiago? ¿El mismo de la película *The Way* con Martin Sheen? —preguntó intrigada.

Le dije que sí, y que separara las fechas porque ya había comprado los boletos y todo lo necesario para irnos.

Pero del dicho al hecho hay un gran trecho. La realidad era que había que prepararse más de lo que podría haber imaginado: debía caminar todos los días el equivalente a medio maratón, un poco más de trece millas, por donde se pudiera porque el escenario real transcurre entre bosques, praderas, valles, arroyos y montañas —pequeñas pero montañas—, y eso era aún más complicado que un maratón. Oreo, mi perrito, fue el compañero infatigable de las al menos nueve millas diarias que comencé a recorrer.

—Con nueve o diez millas que hagas todos los días estarás más que lista, porque el resto que falta, es el cuerpo el que te lleva —sentenció la sabia Antonietta.

Las preguntas de quienes se iban enterando de los planes eran siempre las mismas: "¿No crees que eso es un esfuerzo para gente más joven? ¿A los sesenta y pico de años? ¿Crees que podrás aguantar?".

Hasta las amigas de mi hija (a quienes ella contestaba a escondidas para que yo no me enterara) se mostraban muy escépticas ante la idea de que una madre de mi edad pudiera hacer el trayecto sin parar antes en un hospital. ¡Bah! ¡Qué poco conocen el espíritu de la Collins, que se puede doblar como el bambú pero que no se quiebra!

¡BUEN CAMINO! EL MEJOR DE LOS DESEOS

13 de mayo de 2019

Después de tres meses de entrenamiento, Antonietta y yo estábamos ya de camino a Sarria, nuestra primera etapa. No íbamos solas. Catriel Leiras, mi amigo de tantas aventuras, estaba más que listo para ser nuestro apoyo de logística, al menos un par de días. Estaría alerta por si algo sucedía y tenía que acudir a nuestro rescate.

Nos encontramos con Catriel en Madrid, y de ahí partimos hacia la Galicia que tan bien conoce él. En realidad no teníamos idea alguna de lo que significaban más de veinte kilómetros caminados metro a metro. Ninguna idea. Pronto supe que caminar es más que llevar el impulso del cuerpo hacia adelante, pues el Camino de Santiago es, en realidad, una filosofía de vida.

Rápidamente, tan pronto como en la primera colina, la ruta comenzó a enseñarme cosas que me servirían para siempre. Algo que aprendí es que el ascenso de montes y montañas parece ser lo más difícil... pero no lo es. Es más complicado el descenso, porque entonces uno es quien sostiene al cuerpo para que no vaya en caída libre y eso contrae los músculos por el esfuerzo de comprimirlos.

Yo no estaba tan segura de semejante teoría hasta que, días después, antes de terminar la aventura comencé a gozar en realidad de la subida y a temer más en las bajadas. Aprendí también algo que no había tenido en cuenta: que el cuerpo necesita un apoyo durante las largas distancias, por lo que rápidamente tuve que comprarme dos bastones.

Y también cumplimos con uno de los requisitos no escritos del viaje: en todos los comercios a lo largo del camino venden el preciado objeto que todo peregrino carga con orgullo en su mochila, y que es su condecoración extraoficial: la concha o vieira del apóstol Santiago con el nombre del peregrino inscrito y la fecha de inicio del viaje.

Y así partimos.

No había más que hacer que caminar, caminar y caminar en línea recta. Esa sería nuestra única obligación durante cinco días. ¿En qué ocupar seis, ocho y hasta diez horas? Pronto me di cuenta de que la respuesta era uno de los grandes tesoros del Camino de Santiago: hacer lo que pocas veces podemos hacer en nuestra vida diaria, que en mi caso era tener tiempo para compartir como madre e hija y poder hablar de todo aquello que no podemos decir en una llamada telefónica o un mensaje de texto.

Pero había tiempo para más... pudimos orar juntas, y también cada una por separado, porque tiempo era lo que más nos sobraba, pues Juan Gabriel, Sandro de América, y hasta Lupita D'Alessio, vinieron en mi apoyo con sus canciones, haciendo que las subidas, bajadas y aquellas enormes distancias fueran más cortas con el ímpetu de la música que me motivaba...

El Camino es el milagro de una enseñanza sin denominación religiosa. Lo hacen católicos, cristianos, evangélicos y gentes de fe y buena voluntad, aun cuando no tengan una religión definida.

No hubo un solo día en que no experimentáramos un gran aprendizaje, desde el mismo momento del inicio, cuando un desconocido al vernos de peregrinas nos dio esa frase capaz de arrancar lágrimas y que es a la vez el mejor de los deseos que se escucha de boca de todos. Nos dijo: "¡Buen camino!".

Con esas dos palabras no hace falta conocerse para desear al prójimo lo mejor; se trata de dos palabras que nos convierten en mejores personas. Desde entonces, es mi frase favorita para todo el mundo, aquí y allá... ¡Buen camino!

CONTRA VIENTO Y MAREA

Pero el Camino de Santiago es también una fuerte prueba para el espíritu. Vencer los miedos, el "No puedo" de los demonios que cada quien carga en su vida, el temor a la soledad y a los caminos que a pesar del señalamiento perfecto no se sabe a dónde conducen ni cuán largos son. El temor a lo desconocido.

Durante dos días recibimos la ayuda de Catriel, gracias a su experiencia en hacer lo imposible. Pudo localizarnos, situándonos en el mapa por nuestros teléfonos celulares. Se apareció como una visión en medio de un bosque cerrado donde yo estaba desfalleciendo... Pero poco después él tuvo que marcharse y Antonietta y yo nos quedamos solas a nuestro propio ritmo.

Antonietta, una experta en tecnología, traía el GPS de su teléfono funcionando a toda máquina, y pronto nuestro instinto de conservación comenzó a funcionar de acuerdo a la naturaleza. Aprendimos a reconocer el viento que antecede a la lluvia, el que hace que el ambiente huela a humedad y que te conmina a sacar rápidamente de la mochila el "chubasquero" de plástico que te protege de inmediato, pues no hacerlo te remoja en agua helada los huesos.

¡Bastó una primera ocasión para entender que al primer indicio no hay que esperar para cubrirse! No es lo mismo mojarse con la lluvia de la Florida, que casi siempre es cálida, que con el cubetazo de agua fría que es un aguacero en Galicia.

Pero el Camino es también sortear la vida contra viento y marea. No soy una súper mujer y por supuesto que tuve momentos de fatiga y cansancio, momentos de debilidad en que el ascenso a los montes me costaba al principio mucho trabajo, pero donde poco a poco aprendí que eso es también como la vida…

Hay laderas empinadas por donde hay que circular y administrar las fuerzas para poder superarlas. Pero una vez arriba hay grandes recompensas: la brisa fresca que sopla en las cimas, que siempre es gratificante tras el esfuerzo, y la satisfacción inigualable de cumplir retos como los dieciséis montes diarios que subimos y bajamos en promedio por trayecto…

Todo era una comparación con la vida diaria y una recompensa era pensar en la forma de poder aplicarla… .

NUNCA FALLAR: EL GRAN MIEDO

¿El Camino es solitario? Sí, pero solo por momentos. Nuestra máxima preocupación era comenzar temprano, a las siete de la mañana como muy tarde, para llegar a las ciudades antes de que cayera la noche.

Si bien nunca hablé de tener miedo, ¡por supuesto que lo viví! Pero era miedo al fracaso, a que la fatiga y el cansancio me abatieran y no tuviera fuerzas para continuar. ¿Qué habría sucedido entonces? Algo que habría derrumbado mi sueño: me hubiera tenido que ir en auto a la siguiente ciudad y romper el trayecto.

Pronto me di cuenta de que el miedo es un demonio que nos amenaza a todos y que tenía que dominarlo. Pero no estaba sola en mis pensamientos... Las amigas de Antonietta también estaban pendientes de que esta madre pudiera con semejante meta. "Y, ¿cómo va? ¿Tú crees que pueda terminar contigo el camino?".

Uno de los primeros días, ya cayendo la tarde y luego de caminar una inmensa distancia, el cuerpo comenzó a pasarme factura... Me sentía fatigada y prácticamente ya no podía más...

Antonietta, al darse cuenta de lo que me sucedía, especialmente porque habíamos subido y bajado media docena de montes y aún nos quedaban unos cuantos más, se detuvo de pronto. Ella, a quien yo a menudo aconsejo sobre cómo enfrentar sus miedos, me dio una bellísima lección:

—Mira por favor hacia atrás —comenzó a decirme mientras yo recorría con la mirada un inmenso y bellísimo valle y los montes que lo rodeaban a lo lejos—. Mira todo lo que has recorrido hasta ahora; mira qué lejos hemos llegado. Es algo que nunca jamás en la vida soñaste con hacer... y mírate ahora de lo que eres capaz... Eso es lo que importa mamá. Tú puedes... "¡Tú siempre puedes!".

Pocas veces me he sentido tan fuerte como en ese momento. Sus palabras fueron la inyección de ánimo y adrenalina que me hizo salir de ahí con nuevos bríos. Hoy, cuando recuerdo las lecciones que viví, sin lugar a dudas esas palabras de Antonietta están en primer lugar.

EL FINAL DEL CAMINO… NO TIENE FINAL

El Camino nos proporcionó una de las mejores imágenes de mi vida: la que un fotógrafo anónimo nos tomó mientras íbamos caminando desprevenidas sobre un puente de piedra que sorteaba un arroyo. Era clara: yo iba adelante guiando a Antonieta y ella por detrás venía cuidando mis espaldas.

¿Acaso esa no es la imagen de la vida en la relación de una hija con la madre y de una madre con los hijos? Todo era, metro a metro, una lección para ponerte a prueba… Solo había que entenderla.

Pero todo lo que empieza termina, tal como nos habían pronosticado: "A medida que se vayan acercando a la ciudad de Santiago de Compostela la nostalgia se va a ir apoderando de ustedes, porque eso significa que el camino está a punto de concluir".

Cuando lo oí pensé que era una exageración. ¿Por qué sentirse nostálgico luego de tanto esfuerzo? Ahhh, esa era la incógnita. Pero conforme íbamos avanzando, kilómetro a kilómetro, hasta el centro de la ciudad, una sensación inevitable de tristeza se fue apoderando de nuestras gargantas, que estaban conteniendo las ganas de llorar.

Todo explotó en el momento en que pisamos la Plaza del Obradoiro… ¡Ahí estábamos nosotras con toda nuestra humanidad tras haber pasado una dura prueba! No había manera de parar el llanto que involuntariamente nos recorría las mejillas. ¡Lo habíamos logrado! Antonietta lo hubiera hecho de cualquier manera… pero yo había cumplido con una de mis grandes metas pendientes.

¿Por qué les cuento todo esto?

Porque el Camino de Santiago se traduce en una gran lección para poder triunfar en la vida diaria. No importa que no puedan ir a hacerlo a aquellas tierras, sus enseñanzas se pueden poner en práctica en donde quiera que estén y a la hora que sea. Son enseñanzas para triunfar ante el miedo, lo imposible y lo inimaginable. Así que aquí les dejo lo que aprendí para que lo practiquen y les ayude como me ayudó a mí.

Y por lo pronto el mejor de los deseos... ¡Buen camino!

PARA RECORDAR

(lecciones que sirven para la vida diaria)

- Caminar es más que llevar el impulso del cuerpo hacia adelante, pues el Camino de Santiago es, en realidad, una filosofía de vida. El Camino equivale a cualquier decisión que uno deba tomar en la vida para sortear un obstáculo.
- El ascenso de una montaña siempre parece ser lo más difícil... pero no lo es. Es más complicado el descenso, porque entonces es uno quien sostiene al cuerpo para que no vaya en caída libre.
- Uno de los grandes tesoros del Camino de Santiago es tener algo que pocas veces tenemos en abundancia en nuestra vida diaria: tiempo.
- El peor miedo fue el miedo al fracaso: que la fatiga y el cansancio me abatieran y no tuviera fuerzas para continuar. Pronto me di cuenta de que el miedo era un demonio que nos amenaza a todos y que tenía que dominarlo.
- El Camino enseña a triunfar sobre el miedo, lo imposible y lo inimaginable.
- Nunca dejen de desearle a los demás: ¡Buen camino!

MACHU PICCHU... LO IMPENSABLE

LIMA, PERÚ, VERANO DE 2001

Corría el accidentado año 2001 en Perú y yo estaba terminando una asignación periodística que había sido intensa por el tema del que trataba... El entonces hombre fuerte del Perú, Vladimiro Montesinos, a quien se consideró como "el verdadero poder tras el trono" del presidente Alberto Fujimori, había llegado extraditado desde Venezuela luego de una peripecia digna de un argumento cinematográfico.

El programa de investigación "Aquí y Ahora" me había enviado para hacer una historia especial que acepté feliz, porque visitar Perú siempre ha sido para mí algo sumamente placentero. En Perú podía satisfacer mi debilidad por la comida tanto como quisiera, porque la gastronomía peruana es tan deliciosa que se puede comer sin parar a cualquier hora y en cualquier lugar.

¿Desayunar? Mmmm... los riquísimos tamalitos con la salsa criolla hecha de cebolla morada en un mojo de limón. De esos tamalitos por lo menos me comía cuatro...

¿El almuerzo? Ahhh... eso estaba más que decidido desde el principio: por lo menos tres o cuatro "sándwiches triples", sin lugar a dudas una delicia para cualquier comelona como lo había sido yo. Mis ojos se me iban al cielo imaginando el placer de la degustación... Un "triple" de ensalada de huevo con pasta de varias aceitunas; un "triple" de quesos y jamón; un "triple" de salmón.... Mmmmmmm.

De la cena ni hablar porque la variedad de pescados y mariscos, ceviches y sopas era un reto.

El placer de la hora de la comida siempre ha sido mi debilidad... Una debilidad que me hacía daño, especialmente porque yo ingenuamente pensaba: "Si solo como, con eso no hago daño a nadie. Comer no es ilegal, será una adicción, pero es legal". Ajá, pero las consecuencias estaban a la vista: el sobrepeso —cada día mayor— y no poder hacer lo que otros hacían fácilmente.

Así me tenía que enfrentar a situaciones que son de lo más naturales cuando se visita Perú:

—¿Ya se va de regreso a Miami? —me preguntaban—. ¿Conoce Machu Picchu?

Al decir que no, enseguida me decían:

—Ah, pues entonces ahora no puede dejar de ir.

A eso seguía inmediatamente la frustración de tener que confesar una cruel verdad:

—¿Machu Picchu? No. No puedo ir.

Reconocer que, a los cuarenta y tantos años de edad, la altura de Machu Pichu sumada a mis problemas médicos me impedían emprender ese viaje ya que me pondría en riesgo inminente de un derrame cerebral o de un ataque al corazón no era agradable. Tampoco lo era confesar a conocidos y extraños mi condición.

La realidad estaba a la vista. No solo padecía de presión arterial alta y tomaba ya dos pastillas para nivelarla (una por la mañana y otra por la noche), sino que además el sobrepeso de casi cuarenta libras me agobiaba. No podía caminar largas distancias debido al dolor de piernas, pies y articulaciones. Además, el cansancio y las palpitaciones hacían que caminar unas cuantas cuadras ni siquiera fuera placentero para mí. (Más adelante en este libro, mi hija Antonietta les contará lo que nadie —ni siquiera yo— puede hoy imaginar: yo era la última persona en el mundo capaz de hacer ejercicio…).

En aquel verano de 2001 yo sabía que mi condición física era patética, y lo más grave era que cada día empeoraba más y yo no hacía nada por remediarlo. Por todas esas razones, me frustraba pensar que jamás llegaría a conocer aquella maravilla de la humanidad, y saber que era algo que, simplemente, nunca estaría dentro de mis posibilidades. Me enojé entonces al grado de poner a Machu Picchu en el baúl de las cosas —no muchas— que no podría realizar.

Lo que nunca pude haber imaginado es que, dieciocho años después, todo aquello que me plagaba no iba a existir más y que ¡lo impensable sería realidad! Imaginarlo entonces hubiera sido un "sueño guajiro".

MACHU PICCHU, AGOSTO DE 2019

Poco después de haber regresado del Camino de Santiago a Miami recibí una llamada muy especial de Antonietta… Se la escuchaba feliz.

—Me están enviando en julio a cubrir una gran asignación: ¡Los Juegos Panamericanos en Lima! Sé que todavía es febrero, pero pasaré ahí tres semanas trabajando sin parar… Pero eso sí, te tengo una sorpresa: te he comprado el boleto de avión para la gran excursión de nuestras vidas, algo que nunca pudiste hacer. El día en que terminen los juegos, ¡iremos a Machu Picchu! Así que pide de una vez tus vacaciones porque nos vamos juntas… ¿Cómo lo ves?

Me dejó sin palabras. ¡Por supuesto que dije que sí! Era uno de los grandes retos inconclusos de mi vida y, ¿con quién mejor que ella para ir?

¡No se dijo más! Pronto estaba yo volando camino al mágico Perú, eso sí con mis miedos siempre a bordo, pero con toda la determinación para lograr conocer uno de los grandes tesoros de la humanidad… Ahí estábamos nuevamente madre e hija —increiblemente el mismo 2019— y nada nos pararía.

Si ya a primera vista parece una idea descabellada bajar a pie la empinada ladera del Huayna Picchu —la montaña vecina de Machu Picchu—, la simple idea de bajar un par de escalones asimétricos en altura, tal y como los incas los diseñaron, es una tarea titánica para alguien que como yo está en lo que llaman "los sesenta años largos", y más bien cerca de los setenta…

Voy bajando uno a uno con gran cuidado. Un resbalón es algo que no puede remediarse a semejante altura. Resoplo y sigo bajando, vuelvo a resoplar y continúo. Y ahí iba yo con toda mi humanidad.

Por momentos el paisaje se me presenta como gran recompensa: volteo hacia el cielo y las nubes parecen estar descendiendo a cubrirnos a mi hija y a mí, pero si bajo la vista veo un gran panorama que puede dar vértigo, pero que vale la pena contemplar.

Antonietta y yo, como todos los turistas aprobados para ingresar ese día al maravilloso lugar, habíamos subido en cómodos autobuses que nos permitían ver hacia un lado y otro del precipicio por la curvilínea carretera que nos llevaba desde la población de Aguas Calientes, cuando de pronto nos dimos cuenta de que había otro camino para subir la empinada montaña, y que en realidad es un reto…

Nos miramos y queríamos ganarnos la palabra.

—Jefa, ¿te avientas el camino de regreso a pie por la montaña? —me preguntó.

Sabiendo que tiene una madre de retos, Antonietta conocía la respuesta...

—¡Por supuesto que sí!

Machu Picchu y su encanto nos cautivaron. Anduvimos, sin noción del tiempo, conociendo aquella maravilla de la humanidad hasta que, tres horas después, ya entrada la tarde nos tocó el momento del retorno hacia Aguas Calientes y entonces sí que no hubo más remedio que descender por la angosta vereda que se nos iba a abrir llena de sorpresas... El autobús había partido sin nosotras.

Nadie nos dijo en lo que nos íbamos a meter, pero la realidad es que se trata de dos mil, sí, dos mil escalones de alturas diferentes: unos de veinte, otros de treinta y otros de cuarenta centímetros, mientras que los siguientes podrían ser de cinco, de dos o de diez centímetros. Ello se traducía en un tormento para cualquier cadera joven... ¡Y cuánto más para unas caderas que pasan de los cincuenta y sesenta años!

A la media hora de camino caía la tarde, y con eso mis preocupaciones aumentaron: había que apresurar el paso porque la oscuridad en la montaña significaba otro reto; en realidad más que un reto era un peligro. Por momentos la vegetación era tan cerrada que no entraban los rayos de luz al caer la tarde y de inmediato el sendero se oscureció. Fue entonces cuando pensamos que, de haberlo planeado mejor, habríamos bajado más temprano, o al menos habríamos traído una linterna para ir alumbrando el camino. Demasiado tarde.

Poco después, en pleno camino llegaron los recuerdos. Fue cuando me di cuenta de que estaba a tres mil cuatrocientos metros de altura sobre el nivel del mar y que nada malo me había sucedido. Mi cuerpo reaccionaba a la prueba tal y como me sucede comúnmente, cuando entreno caminando con intensidad por lo menos cuatro millas por día. Avanzo, avanzo y sigo de frente.

Pero de pronto los fantasmas comenzaron a atacarme. Empecé a sentir que las piernas me temblaban y que, poco a poco, el temblor aumentaba. Al mismo tiempo empecé a sentir una debilidad que fue recorriendo mi cuerpo y que me preocupó ya que, usualmente, eso suele ser la antesala de un desmayo.

Sé que la oración es más fuerte que cualquier temor y que siempre es el camino que lleva directamente a que Dios nos escuche, así que comencé a orar allí, en mitad de aquel descenso tan accidentado geográficamente.

"Señor, ayúdame a llegar sana y salva. No me permitas caer. Siento que las piernas me siguen flaqueando. No permitas que Antonietta se asuste ni se preocupe".

La realidad me daba escalofríos: mientras más escalones bajaba, peor me sentía. Antonietta, que siempre viene detrás de mí por si algo me pasa, me preguntó:

—¿Qué dices, mamá? ¿Con quién hablas?

Le respondí que con Dios, que iba orando, y así seguimos hasta el final de aquella interminable escalera que jamás me hubiera imaginado que pudiera bajar.

No faltó la pregunta obligada... ¿Quién me mandó a meterme en esto? Ya era demasiado tarde para preguntármelo. Solo quedaba caminar. Me ha pasado constantemente en la vida: no he tenido opciones... solo salir adelante.

Llegó el final de la montaña Huayna Picchu, pero no significaba el final del camino... Quedaban por lo menos cuarenta y cinco minutos más caminando ya en terreno plano hasta Aguas Calientes, la población que es la entrada de la sagrada ciudadela de los incas.

En ese momento sentí que la debilidad de mi cuerpo iba en

aumento y que ya no solo eran mis piernas las que temblaban: también me empezaba a temblar el resto del cuerpo. Se me había agotado el agua y fue entonces cuando me di cuenta de algo fundamental en lo que ni mi hija ni yo habíamos pensado: tan emocionadas estábamos con Machu Picchu que... ¡no habíamos comido absolutamente nada y mucho menos tomado agua!

¿Qué significaba eso en personas como nosotras acostumbradas al ejercicio y las largas caminatas? Pues sencillamente que el cuerpo se estaba deshidratando rápidamente y carecía de apoyo calórico. Era probable que me desmayara.

Las piernas comenzaron nuevamente a temblarme sin control en aquel terreno plano y estaba a punto de rendirme y caer al suelo cuando, de pronto, como salido de la nada, un brazo me tomó firmemente por el lado izquierdo y, no solo me sostuvo, sino que comenzó a remolcarme. Era una turista que comenzó a hablarme al tiempo que me sostenía...

—Vamos, vamos, tú y yo vamos a salir adelante. Hazme caso, no pienses en que te estás cayendo... Yo he venido detrás de ustedes hace rato y te pasé cuando vi que tus piernas estaban tembleques. Lo pensé un solo segundo y me pregunté: "¿Debo ofrecerle mi ayuda o seguir de largo?". La realidad es que decidí no preguntarte y tomarte del brazo. Somos mujeres, somos guerreras y todas estamos para ayudarnos.

Como si hubiera sido el ángel que pedí al cielo en mi oración, la mano de Albi Correa, esa desconocida ecuatoriana que estaba haciendo el trayecto junto a sus tres hijos, me sacó adelante por encima de la debilidad y a punto del desmayo. Poco a poco fui recuperando las fuerzas y finalmente comenzamos a ver al fondo las luces de Aguas Calientes.

Luego de compartir la mesa con mi salvadora y su familia, no me quedó duda de que ella fue el ángel que Dios me envió luego de que yo le rogara por su ayuda.

Esa noche, al irnos a dormir, Antonietta me dijo:

—¿Te diste cuenta de que si hace diez años, quizá menos, solo seis años, alguien te hubiera dicho que vendrías a Machu Picchu, tú no lo hubieras creído? Pues hoy lograste lo impensable. ¡No solo llegaste a conocer este sitio, sino que bajaste la montaña a pie como lo hacen pocos!

Le respondí con un nudo en la garganta, pensando en algo que hace muchos años me dijera Bora Milutinovic, mi amigo entrenador profesional de fútbol, director técnico de la selección mexicana de fútbol en 1986, y quien dirigió a cinco selecciones de varios países: "Nunca te olvides de que el ser humano es capaz de hacer todo lo que se proponga".

Y nunca, mi querido y admirado Bora Milutinovic, lo he olvidado.

PARA RECORDAR (y lograr lo impensable)

- Primero prepárense. Nada se hace improvisando. Ya sea para un maratón o para una larga caminata, hay que entrenar a diario. La constancia es lo más importante para lograr grandes metas.
- Los sueños, sueños son hasta que los realizamos.
- Nunca digan "nunca". El pesimismo solo los alejará de la meta final.
- En los momentos más difíciles, oren. La oración es el camino directo a Dios.
- Pidan que llegue un ángel a socorrerlos. Si lo piden con fe, seguro que llega…

CREAR LA ENERGÍA

ROMA, ITALIA, JULIO DE 2019

En el verano de 2019 los viajes transatlánticos estaban a la orden del día en mi agitada agenda profesional. Ahora era rumbo a Roma en una asignación especial junto a la vicepresidenta ejecutiva de Univision Noticias, María Martínez-Guzmán, con quien me une una amistad de décadas, desde que ella era productora y yo la corresponsal con la que se embarcaba, y se sigue embarcando, en aventuras periodísticas extremas. Esta vez se trataba de una asignación en el Vaticano.

Llegamos justo del aeropuerto de Fiumicino al hotel de siempre a media cuadra de la Plaza de San Pedro para unas entrevistas en la Santa Sede. Es el mismo sitio a donde llego desde el año 1975. Es como llegar a casa.

Era un viaje "loco" —estaríamos unas escasas veinticuatro horas ahí— en mi ciudad favorita de todo el mundo. El viaje era "de entrada por salida". Llegaríamos, hablaríamos con importantes funcionarios vaticanos y volveríamos a Miami al día siguiente. El calendario marcaba 1 de julio y María tenía que regresar a pasar el 4 de julio, Día de la Independencia, con su familia: esa había sido la condición para hacer ese viaje intempestivo.

Así que todo estaba coordinado por horas y minutos. Luego de la solemne reunión en el Vaticano y sin hacerle caso al "jet lag", ni a que habíamos llegado justo para cambiarnos de ropa y salir corriendo, al terminar el trabajo decidí llevar a María, una mujer incansable, siempre dispuesta a realizar cualquier actividad junto a sus compañeros, a que conociera los Foros Imperiales, uno de mis sitios favoritos en la ciudad Eterna. Era la primera vez que ella iba a Italia y allí, rodeada de aquel entorno señorial yo veía que me observaba cuidadosamente, hasta que no pudo más y me preguntó en un tono muy serio:

—¿Cómo es que tienes tanta energía? ¿Explícame cómo? No es normal. Viajamos juntas, hemos estado juntas desde que llegamos a Roma trabajando. Me has traído para arriba y para abajo, me fui a dormir y tú te fuiste a la calle a hacer ejercicio y estás tan fresca como una lechuga... Esto no es normal... ¡Tiene que ser una droga! Ya, por favor, confiesa qué es, porque dejas atrás a los jóvenes y a todos los demás que trabajamos contigo.

Y soltó su usual carcajada.

Le respondí que como todas las cosas de la vida la energía se va construyendo cada día...

—Sí, pero ¿cómo hacerlo? —respondió de inmediato—. ¿No te cansas? ¿No quieres dejarlo para otro día?

La realidad es que vivo un compromiso conmigo misma. Esta es una de las claves que deseo compartir con este libro. Ese sentimiento que nos hace cumplir las metas y compromisos que nos imponemos para ser mejores. Cumplir a diario con la Collins me cuesta mucho trabajo. Me canso como todos. Hay ocasiones en que quisiera cerrar los ojos y dormirme y no hacer ejercicio por la noche, si no lo hice por la mañana, o simplemente no hacerlo al abrir los ojos en cuanto me despierto, pero no puedo permitírmelo.

Estoy comprometida conmigo misma y no me puedo fallar.

Es entonces cuando respondo que sí. Que soy igual a todos y que tengo toda la lista de excusas frente a mí... pero que las enfrento y las domino todos los días.

"Ay, qué cansancio, mañana empiezo".

"Mejor me duermo otro rato que el sueño es reparador".

"No pasa nada si hoy no hago ejercicio".

"¿Cuál es la urgencia de hacer ejercicio hoy?".

Lo mejor de todo es que yo era una de esas en el coro de miles: no había prisa... hasta que la hubo. Si algo me ha ayudado son los pequeños recursos que, o bien me invento, o tomo prestados de otros, y que utilizo para motivarme.

Uno de los recursos más efectivos para mí consiste en tener siempre cerca todas las fotos del período de mi obesidad que más me lesionaba. Las tengo cerca para verlas en cualquier momento. Esa era la Collins que no era capaz de hacer ningún ejercicio, que tenía una energía casi nula, y la que no quiero volver a ser nunca más.

Pero ganar fuerza es una tarea del día a día.

Más del setenta por ciento de las personas —y esta es la cifra que comunican los cirujanos bariátricos y nutricionistas a sus pacientes— que se han hecho la cirugía fracasan y vuelven a engordar igual o peor que antes por una sencilla razón: no cambiaron sus hábitos y no procuraron ganar energía a través del ejercicio. No lo digo yo. Yo me resisto hasta el día de hoy a pensar que puedo ser una de ellas. No.

Pero con operación o sin ella, la clave del éxito es la misma para todos: cambiar radicalmente la forma de vivir y ganar energía utilizándola a diario. Es decir: el poder de los buenos hábitos contra los malos. Reemplazar los malos hábitos con buenos fue la clave.

CONSTRUIR LA ENERGÍA...

Venimos equipados con energía. Es nuestro motor, pero para la mayoría es algo que se ignora hasta que se necesita. Es esa fuerza que nos permite trabajar, comer, vivir, desarrollarnos y que puede faltarnos a diario. Amanecemos sin ganas, sin energía, y elegimos lo que nos resulta más fácil frente a lo que nos ayudaría a tener una mejor calidad de vida.

Les comparto algo que he aprendido en los últimos siete años: la energía se comienza a construir todos los días. Se comienza poco a poco, pero se tiene que comenzar. No importa la edad. ¿Y cómo se hace? En mi caso, escuchando a los expertos y fortaleciendo mi cuerpo para vencer cualquier obstáculo.

El ejercicio es la clave de mi energía, de esa fuerza que me permite larguísimas jornadas en las que difícilmente se me escucha decir: "Ay, ¡qué cansada estoy!". Porque me siento todo lo contrario de cansada. Me siento feliz de verme como en una carrera donde aprieto el paso y voy viendo que dejo atrás a gente más joven y fuerte que yo.

Pero esto, durante la mayor parte de mi vida, no fue así.

PRIMER PASO

El día en que tomé la decisión de hacer ejercicio caminando a paso rápido, fue el día más provechoso de mi vida adulta. Me juré no ser una anciana achacosa, pero para eso había que entrenar al cuerpo. Sentía que mis músculos se estaban poniendo más rígidos, que me encorvaba, y que me costaba pararme y sentarme. Intentar ejercitarme me parecía una misión imposible... pero había que echar a andar la máquina.

¿Cómo? Esa era la pregunta.

Primero caminé a diario quince minutos durante una semana; a la siguiente fueron veinte minutos; después, media hora; luego, cuarenta y cinco minutos; así, hasta llegar a la hora entera en que me estabilicé por un buen tiempo para hacerlo sin alteración ni cansancio total. Casi al cabo de un año ya podía caminar cuatro millas en una hora, quince minutos por milla.

Roma no se hizo en un día… Triunfar sobre nosotros mismos tampoco; pero todo depende de la decisión de empezar.

FUERZA DE VOLUNTAD

Cuando alguien me dice: "Ay, es que usted tiene fuerza de voluntad para hacerlo y yo no", le respondo de inmediato que todo es como el cuerpo humano. Los órganos y los músculos están para usarse. Si no se usan se atrofian; es decir, dejan de funcionar. Hay que ponerlos en práctica y eso no es nada fácil. Yo me comencé a repetir: no es para mañana, es para hoy. Y comencé.

LO HARÉ, NO QUIERO HACERLO Y ¡QUIERO HACERLO!

Es cuestión de saber la diferencia entre "Lo haré", "No quiero hacerlo" y "¡Quiero hacerlo!". Estas son tres frases que resumen simplemente lo que somos capaces de hacer y lo que no.

El asunto es ser honestos… nada más. Esto es lo único que construye la energía: la fuerza de voluntad para hacer ejercicio a diario. Una vez que repetimos la actividad, poco a poco el cuerpo humano, que es tan sabio, se adapta y se prepara inmediatamente para cumplir, y el cerebro lo acepta como parte suya.

Por eso mismo hay que ser conscientes de nuestros planes cuando pensamos en algo: ¿Es para el futuro? ¿En verdad lo voy a hacer? o ¡Quiero hacerlo!

¡HAGO EJERCICIO O HAGO EJERCICIO! ESA LA PREMISA

No hay otra porque la ecuación es sencilla: todas las calorías que entren por la boca tienen que eliminarse con el ejercicio. He aprendido que la energía la construyo ejercitando el cuerpo, y ustedes también lo deberán hacer a su propio ritmo.

Recuerden, cualquier pequeño pecadillo con la comida, siempre se podrá enmendar con una buena caminata intensa. El organismo no conoce de días de fiesta, de noche o de día, de fines de semana... solo sabe si cumplimos o no con movernos, haciéndolo bien y consistentemente.

Así que hacer ejercicio y crear nuestra propia energía es lo único que nos salva en este mundo de los cambios para ser más saludables.

¡Si yo puedo... ustedes pueden más!

PARA RECORDAR

- La energía se construye a diario.
- Comiencen poco a poco y vayan aumentando la intensidad gradualmente... ni mucho ni poco.
- El cuerpo no conoce de días de fiesta, noche o día, o fines de semana... Hagan ejercicio a cualquier hora.
- Todas las calorías que entran al cuerpo por la boca tienen que eliminarse con el ejercicio.
- Entiendan la diferencia entre: "Quiero hacerlo", "Voy a hacerlo" y "Estoy pensando en hacerlo".
- No es para mañana... ¡es para hoy!
- Todos venimos equipados de origen con fuerza de voluntad. Hagan la suya cada día más fuerte.

CON OPERACIÓN O SIN ELLA, EL ESTÓMAGO SE AGRANDA

Algo que nos ha pasado a todos (hombres y mujeres, aunque a los hombres no los afecta tanto como a las mujeres) es que nos tomen una foto de perfil donde se vea el torso y que esto se convierta en la gran prueba de la edad…

No es la papada la que comienza a vencerse por la gravedad. No es solamente el sobrepeso… Se trata de otra cosa: ¡Es el estómago, la panza, la barriga, o como quieran llamarlo!

Es el estómago, que parece salir del cuerpo de acuerdo a cada quien por una ley inexorable: este órgano múscular se agranda de acuerdo a cómo abusemos de él comiendo. Nos guste o no, es una especie de balón que se infla y se desinfla. Mejor dicho, que inflamos nosotros mismos.

Nos traiciona la forma en la que fuimos criados, especialmente en las familias hispanas donde los niños delgados para muchos padres y abuelos no son niños saludables y entonces hay que darles de comer abundantemente, quieran o no, para que sean la imagen de la felicidad familiar.

¡Qué daño tan grande en aras del amor!

Las frases que lo confirman han sido populares durante décadas:

"Tienes que comerte todo lo que tienes en el plato porque

en el mundo hay muchos niños que ahora mismo no tienen un solo pan para comer y tienen hambre".

"En esta casa no se desperdicia nada porque eso es pecado. ¡Así que te lo comes!".

"No compré la comida para botarla... Así que te la comes todita".

"Come hasta que el plato quede limpio".

¿Y saben qué es lo peor? Que el cerebro tiene todo eso grabado y por alguna razón desconocida, en el momento más inesperado, generalmente cuando somos adultos, despierta ordenándonos comer y comer sin parar.

Lo peor es que no hay conciencia del tamaño de un órgano que puede expandirse como nadie puede imaginar que suceda. Al día siguiente de mi cirugía, me quedé absorta contemplando la fotografía que la productora Wilma Román-Abreu me mostraba: era mi estómago, mejor dicho, la parte de mi estómago —más del ochenta por ciento de este— que había sido extirpado y que yacía sobre una charola quirúrgica ahí en la sala de operaciones.

Era enorme.

—Tenía la capacidad —dijo el doctor Jacobs— similar a una botella de refresco de soda de las grandes, de dos litros y medio.

¿De qué manera se puede triunfar en una dieta con un estómago semejante? De ninguna. No la hay, porque mecánicamente hay que llenarlo... con las calorías que eso implique. Eso mismo me sucedía. Era la única forma de entender que yo formaba parte del promedio de quienes caen en la obesidad por su dieta diaria.

Mi desayuno típico comenzaba con un jugo de naranja, dos huevos fritos con sus tostadas con mantequilla, sus papas *hash brown*, tres lascas de tocino tostadito para que crujiera bien. Al final pedía un par de *pancakes* o un *waffle*, todo ello rociado con una taza de café.

Al medio día comía una gran hamburguesa, o pastas, papas fritas y un gran vaso de soda. Me vanagloriaba entonces del tamaño del vaso de refresco que parecía un tinaco donde se almacena agua para el uso de las casas...

¡Y ni qué hablar de la cena, donde tenía carretera libre para comer y comer! Años y años de abuso ingiriendo todo en grandes cantidades me pasaron factura. Con operación o sin ella hay que pensar en el estómago que queremos tener. Sabrina Hernández-Cano —mi nutricionista— siempre lo enfoca claramente:

"El estómago normalmente es como una pelota pequeña, generalmente del tamaño del puño de la mano. Como tiene varias capas, estas se van inflando cuando se come y un estómago de alguien que ingiere a diario grandes cantidades de comida, en seis meses se agranda para recibir enormes cantidades de comida".

Eso ni yo ni nadie lo entendía, porque nadie responde las preguntas que nunca hacemos.

LA ABDOMINOPLASTIA NO ENGAÑA AL ESTÓMAGO

En 2005 me hice una abdominoplastia, operación de cirugía estética que consiste en reconstruir las paredes abdominales distendidas por los embarazos. No se trata únicamente de eliminar la grasa, sino de devolver todos los músculos alrededor del estómago y abdomen a su lugar y tamaño original.

En mi cabeza todo estaba bien, dado que la operación de la noche a la mañana me dejó un estómago plano, como cuando tenía quince años... Antes de la operación cualquier espejo reflejaba mi problema: un enorme bulto de grasa que sobresalía no solo de cualquier vestido... sino por encima de la misma faja apretada que me ponía, haciéndome sentir como un chorizo dentro de una envoltura que casi me asfixiaba. Ahora, al mirarme en el espejo me sentía muy feliz pues mi problema parecía haber desaparecido de la noche a la mañana.

¿Qué sucedió después?

Lo mismo. Comencé a comer y comer, pero ahora me sucedía algo que no entendía, pero que me preocupaba. Acostumbrada a comer grandes, muy grandes porciones, de repente, al sentirme saciada, sentía al mismo tiempo que me faltaba el aire. No podía respirar. Recuerdo haber tenido que levantarme de la mesa y comenzar a correr o caminar para que me bajara el alimento, pues era el único modo de sentirme aliviada. Era una sensación horrible que, para mí, no tenía explicación. Pero por supuesto que la tenía, y la respuesta era materialmente muy simple.

Con la abdominoplastia me redujeron el exterior del abdomen... pero el interior estaba intacto.

¿Qué significaba eso? Que mi desconocido estómago seguía inmensamente grande. Dos litros y medio de capacidad que seguían allí pidiendo comida. A mi estómago y a mi hambre no les interesaba saber si la operación de cirugía plástica había hecho maravillas estéticamente, porque adentro, lo que el estómago sentía era que le habían quitado espacio. Pero ahí seguía él y continuaba pidiendo comida. Con el paso de los meses, la piel y los músculos comenzaron poco a poco a distenderse nuevamente y a hacerle lugar al estómago, que siguió exigiendo idéntica cantidad de alimento.

La pregunta entonces es la misma: ¿Qué hacer para que, con cirugía o sin ella, el estómago no se agrande? Hay que entender que el estómago es un músculo que, si bien se contrae, también se expande, y lo hace según lo que ponemos dentro, tanto sólidos como líquidos.

El consejo de los profesionales señala que las bebidas gaseosas son también una causa importante de la distensión de las paredes estomacales. En mi caso, el promedio de ocho latas de refresco de soda que me tomaba por día colaboraban a dicho ensanchamiento. La cerveza es otro de los grandes culpables de un gran estómago. No era mi caso, pero es el responsable de muchos estómagos de gran tamaño, sobre todo entre los hombres.

Una de las historias que más me impresionan hasta hoy día es la de un hombre que quería hacerse la cirugía bariátrica. El problema más importante que enfrentaba era que... ¡tomaba dieciséis latas de cerveza al día! No había cirujano que se decidiera a operarlo con ese historial. El fracaso estaba asegurado a menos que aquel hombre dejara de ingerir tal cantidad de cerveza, no solo por las calorías... sino por la espuma, el gas que inflama el estómago.

Aunque no es lo mismo, las cinco a ocho latas de soda que me podía tomar al día tenían un efecto similar.

LA DIFERENCIA ESTÁ EN EL CAMBIO DE VIDA

Desde que me hice la cirugía bariátrica tuve que cambiar el estilo de vida teniendo en cuenta las exigencias médicas, que realmente sirven para cualquiera que quiera acompañarme en un cambio radical de estilo de vida:

No tomo bebidas gaseosas que, por la cantidad de azúcar que contienen, generalmente aportan calorías sin valor alimenticio y, sobre todo, aumentan la grasa abdominal que tanto daño hace a la salud.

Adiós champagne, sidra, agua carbonatada y tantas otras bebidas deliciosas. Soy tan purista en seguir las instrucciones que ni siquiera tomo medicinas que vengan en forma de solución efervescente.

Mi estómago tiene que ser un modelo respecto a lo que

pongo en él, para que no crezca impunemente. Pero para eso hay que entender las señales.

La explicación que me ha dado mi nutricionista es que el estómago es como el tanque de agua del baño: tiene un mecanismo que avisa cuándo está lleno, y así como el agua en el tanque se detiene para que no rebase, el estómago nos hace saber cuándo no hay que ponerle más comida, cuándo hay que parar... y cuándo hacerle caso.

¿QUÉ SUCEDE?

Vuelvo a la misma frase: con operación o sin ella, si no lo escuchamos y seguimos comiendo sin control, por gula, en cuanto tengamos alimento cerca de nosotros, vamos a fallar de la peor manera: agrandando el estómago.

A menudo escucho decir: "Fulano o mengana se operaron y están nuevamente igual o peor que antes de la cirugía". Usualmente investigo y doy en el clavo. Los observo comer y me doy cuenta de que comen la misma cantidad de alimento que antes y con eso agrandaron el estómago, que usualmente queda de dos o tres pulgadas tras la cirugía, al tamaño que les da capacidad para comer de doce a quince onzas de alimento.

¿Quién puede ganar de esa forma?

La forma más sencilla de control es solo una: imaginen el alimento en el estómago, pero no como se sirve apetitosamente en un plato, sino como llega en realidad al interior del cuerpo: hecho un puré, una masa donde solo existen las grasas y las calorías. Estarán de acuerdo en que no es nada apetecible, así que hay que estar alertas para saber cuándo ya no se debe comer más, y parar.

Los pacientes que fallan en las dietas o en las cirugías hacen lo mismo: cuando el estómago les da los signos de saciedad siguen comiendo, sin importarles la sensación de plenitud o incluso el dolor, sensaciones que no afectan únicamente a quienes se operan…

No me digan que no han sentido sensación de estar "hasta arriba", como dicen popularmente, y ustedes dicen para sus adentros: "Comiendo mis dientes que me importan mis parientes…".

Yo tengo un recurso que no me falla: la gente que me rodea. Constantemente les pregunto sobre la cantidad de comida que me ven ingerir. Más de cinco años después de la operación la respuesta es la misma: "no comes casi nada".

Sí como… pero con medida. Nunca más sin control. Mi frase del día nunca volverá a ser:

"Vénganos tu reino… y que venga más".

PARA RECORDAR

- Con operación o sin ella el estómago es un músculo que puede agrandarse en cualquier momento.
- Las bebidas gaseosas, agua carbonatada, sidra, champagne, cerveza, medicinas efervescentes, etc. expanden las paredes del estómago.
- Cuando la gula va ganándonos terreno simplemente imaginen ese postre, esa comida que ya no les cabe pero que quieren comer, pero imagínenla en el estómago como una masa grasosa, no como el apetitoso platillo que quieren comer… Eso los ayudará a decir: "No, gracias".
- Olvídense del refrán popular: "Comiendo mis dientes, qué me importan mis parientes…". Coman solo pequeñas porciones de no más de seis onzas.

"DORA LA EXPLORADORA"... MI MADRE

Permítanme presentarme.

Esta que les escribe ahora es Antonietta Collins, la hija de mi madre, y en este libro yo no podía faltar por una gran razón: no hay en su entorno alguien que, como yo, pueda dar testimonio de su transformación. A mí me ha tocado ver todo en primera fila y, por lo tanto, tengo derecho a contar lo que nadie más que yo ha visto de toda esta odisea.

Jamás imaginé que algún día llamaría a mi madre "Dora la Exploradora". Jamás imaginé que pudiera llegar a ser lo que es hoy: una mujer capaz de hacer ejercicio a cualquier hora, de caminar largas distancias, de entrenarse para un maratón y de no pasar un día sin mover el cuerpo. Tampoco pensé jamás que la vería pensar en tomar vacaciones que tuvieran como punto central el Camino de Santiago de Compostela, en España, o Machu Picchu, en el Perú. Y no se me pasó por la cabeza porque el ejercicio físico nunca fue parte de su rutina; al contrario, lo aborrecía, era algo que no existía para ella, y así fue que crecí viendo como sus múltiples dietas y recetas para adelgazar mermaban su salud y su espíritu.

Por eso, a sus casi setenta años de edad —como ella dice "casi llegando al séptimo piso del edificio"—, me admira y sorprende la fuerza de voluntad que la ha hecho no solo mantenerse delgada y en buena condición física sino que, además, la ha llevado, literalmente, a explorar el mundo y superar aún más sus propias limitaciones… Si es que las tiene.

Últimamente hemos viajado juntas y aunque esas odiseas nos han unido como madre e hija, también nos enfrentan a retos particulares… Diría que más que particulares, y que, como hija, me preocupan.

¿Por qué? Por razón de su edad y porque, al final del día, sigue siendo mi madre.

Pero tengo siempre las alertas encendidas.

Cuando viajo con ella me preocupa no entender lo que siente físicamente cuando la veo agotada, me preocupo al no comprender los síntomas de los achaques que ya empiezan a darle y, sobre todo, me angustia preguntarme cómo podría ayudarla si se sintiera mal de la presión o del corazón, especialmente si estamos en el extranjero.

En los Estados Unidos hay toda una gama de posibilidades que comienzan con la llamada al 911, pero en otros países no. Y no poder ayudarla de la manera adecuada ante una situación de emergencia me quita el sueño, aunque poco a poco veo que ella misma se da cuenta de lo que puede hacer y lo que no; y usa su sentido común, aunque nada la detiene pese al paso del tiempo.

Con nostalgia, he visto a mi madre hacerse mayor, y eso nos pasa a todos los hijos. Pero ¿cómo darme cuenta si cuando se le pregunta dice que todo está bien? Porque ahora me deja que la ayude, pero antes no. Ahora me deja que le cargue cosas, que yo vaya uno o dos pasos detrás de ella por si se llega a caer; ahora deja que sea yo quien averigüe cosas que antes eran solo de su dominio, ya que siempre ha sido "el alfa" de la manada, la que toma y retiene el control. Pero ahora eso ha ido cambiando. Así me he dado cuenta.

A veces, retrocedo en el tiempo unos años y la recuerdo joven y como un torbellino, porque aunque estaba "gordita" siempre fue muy activa y energética. Increíblemente, hoy en día al haber bajado tanto de peso, quizá tenga incluso más energía que antes, o se mueva con más ligereza, pero la realidad es que, aunque sigue sin pedir ayuda, ya me permite intentarlo.

En medio de toda esta transformación, algo que me ha sorprendido mucho en los últimos cinco años es que creo que por primera vez mi mamá se siente bonita, se siente contenta, se gusta cuando se mira en el espejo, se arregla.

Antes no. Siempre sentía pena de ella misma, vergüenza por esas libras de más que no podía quitarse de encima. Por increíble que parezca, había dos María Antonietas: una era la mujer que estaba muy orgullosa de su trabajo, y otra, la mujer que se sentía acomplejada por su aspecto físico. Esta segunda toda la vida había buscado ropa que escondiera su sobrepeso y tenía el clóset lleno de colores negros (la prenda más clara era azul marino).

Aunque la primera mujer tuviera una vida profesional exitosa con premios y reconocimientos, sentía lástima de ella misma porque el reflejo de sí que le mostraba aquel espejo no le gustaba.

Fueron muchos, muchos años de ver a mi madre sentirse verdaderamente atrapada en un callejón sin salida.

Ahora todo es distinto. ¡La veo con ganas de disfrutar, viajar y vivir!

Antes era impensable poner como prioridad organizar unas verdaderas vacaciones, y yo ahora la entiendo porque estoy metida en la misma profesión y sé del nivel de exigencia que requiere. A medida que he ido cumpliendo años entendí que mi madre tenía muchas responsabilidades que la obligaban siempre a dejar las vacaciones para "más adelante"... O para nunca.

Pero también el paso del tiempo me ha enseñado que la vida no dura para siempre y por eso le insisto mucho para que viajemos juntas, porque ahora es el momento de disfrutar. Hoy la tengo, aquí, ahorita.

Quiero compartir con ella la vida al máximo y disfrutar juntas esos momentos que no tuvimos la oportunidad de experimentar en el pasado, algo que tampoco pude hacer con mi papá. Antepuse mi trabajo en lugar de haber ido a verlo a México o de haber viajado con él. Dejé de compartir momentos irrepetibles en nuestras vidas. He llorado por eso, me arrepiento y no quiero que me pase lo mismo con mi madre.

Casi no tengo fotos con mi papá, no tengo videos de momentos divertidos; con ella quiero tener esos recuerdos que no pude tener con él porque siempre le decía: "No, papá, no voy a ir pero te veo en el verano" o "Te veo en diciembre". Tonta e inconscientemente, pensaba que él iba a vivir eternamente, que iba a estar ahí cuando yo lo necesitara, pero la vida te demuestra lo contrario.

Uno cree que sus padres van a durar para siempre... y no es así.

A veces me siento muy sola y por eso es que cuando veo la mínima oportunidad de compartir tiempo con ella lo hago, porque quiero que ella también disfrute, porque sé que trabaja mucho y que le cuesta desconectarse de la oficina. Me emociona cuando logro convencerla para irnos de paseo.

Trabaja uno tanto y tanto, ¿para qué?

¡Disfruta la vida ahora! Lee, viaja, vive, aprecia a la gente que está alrededor tuyo. Los últimos viajes, desde el que hicimos juntas a Praga, Viena, Budapest y Madrid, me han ayudado a redescubrir a mi madre y verla de otra forma.

En esos viajes pude ver a otra persona: a una mujer que estaba haciendo algo por el simple placer de disfrutar, no como una tarea, y creo que estos viajes nos han servido a ambas para entender que debemos darnos el espacio para gozar de la vida.

Aunque mi mamá es muy positiva, siempre se preocupa por el temor a lo que vaya a pasar. Ella es de ponerse retos físicos y mentales y se angustia ante la posibilidad de no cumplir con determinada meta. Pero ella es así y me ha llevado tiempo entenderlo.

Creo que mi mamá escucha ahora más mis opiniones, aunque de vez en cuando me toca recordarle que ya no tengo quince años, que casi cumplo cuarenta; aunque sé que para ella siempre seré "su niña". Y aunque hemos compartido muchos retos juntas sé que aún nos faltan muchos más.

¿Saben por qué le puse "Dora, la Exploradora" como apodo? Porque de verdad me recuerda al personaje. Su corte de pelo, la mochila, su estilo de vestir... Pero, sobre todo, porque ha decidido explorar su mente y abrirla; desde que se operó ha comenzado una nueva vida, una nueva etapa, una nueva faceta de "la Collins".

¿Cuántas aventuras más nos faltan por vivir? Me emociono con solo pensarlo.

Y es que mi madre ha sido para mi el claro ejemplo de que las cosas difíciles que uno ha tenido que vivir no nos definen como persona.

Yo misma tuve una etapa en la adolescencia en que tomé decisiones equivocadas que marcaron mi vida, pero decidí que esa no era mi historia, y que no me definiría. La realidad es que la fuerza y el ejemplo para tomar esa decisión solo vino de una persona: mi mamá, que a pesar de todo lo que ha vivido, de todo lo que ha sufrido, tampoco se resignó a ser eternamente una persona obesa cuyo peso seguía aumentando cada día pese a tener sesenta y dos años cuando se operó. Y ella tomó la decisión, consciente de todo lo que aquella cirugía implicaba. Porque una cosa es operarte y otra… lo que viene después.

Mi madre nunca se da por vencida y siempre sigue adelante. Es algo propio de su espíritu indomable que la obliga a superarse día a día, y que se refleja en una de sus frases favoritas: "Nada me va a vencer, aunque tenga miedo". Ese espíritu me motiva también a mí a seguir adelante como hija suya, y es un ejemplo para no derrumbarnos por muy duros que sean los retos, los problemas, los temores.

"Mira para atrás y verás siempre todo el camino recorrido y todo lo que has podido lograr… lo que hemos podido lograr… juntas". Es algo que le repito a mi madre y que cualquiera puede compartir con sus padres o abuelos.

Y es algo que abre todas las puertas.

PARA RECORDAR

- Nada me va a vencer aunque tenga miedo.
- Miren para atrás, al camino que han recorrido, y verán todo lo que han podido lograr.
- Gocen con sus padres todo lo que puedan… Los padres no van a vivir para siempre, así que atesoren los momentos con ellos.
- Las cosas difíciles o negativas no nos definen… ¡nos hacen más fuertes!

LA DIFERENCIA ENTRE FLOJERA Y CANSANCIO

Ya estoy de regreso retomando esta historia. (Antonietta nos acompañará de nuevo más adelante).

La última semana de septiembre de 2019 mi agenda estaba más que complicada con tres viajes planeados en una semana. ¡Y qué viajes! El martes 24 salí en el primer avión, a las siete de la mañana, rumbo a Nueva York para acompañar a Antonietta a la gala de los Emmy, ya que había sido nominada para uno de los premios.

Si el avión despega a las siete de la mañana, uno debe llegar al menos dos horas antes al aeropuerto y para mí eso significa levantarme a las tres y media, hacer ejercicio, bañarme, y a las cuatro y media estar ya de camino a bordo del taxi.

¡Por supuesto que a las tres de la mañana estaba cumpliendo con mi ejercicio!

Al día siguiente, en Nueva York, cumplí con el mismo ritual antes de volver a Miami. Me desperté en la madrugada y salí del aeropuerto para llegar a casa antes del mediodía, tomar el auto e irme de inmediato a trabajar. De más esta decir que por la noche, al regresar a casa hice el ejercicio. Aunque mi cuerpo estaba cansado, lo convencí de que tenía que hacerlo.

El jueves 26 salí también de madrugada hacia San Antonio,

Texas, a ser maestra de ceremonia de una gala. El viernes, también de madrugada, regresé a Miami... para prepararme para el viaje que sí podía llamarse así por los días y travesía que implicaba. La asignación para el programa "Aquí y Ahora" había sido largamente esperada: iba a realizar un programa especial sobre los hispanos que murieron y que sobrevivieron en el Holocausto.

Viajaría a Polonia y seguiría la ruta de los campos de concentración nazis. ¿Y cuándo comenzaba? Pues precisamente ese domingo 29 de septiembre, con lo cual solo tenía un día de reposo.

El sábado por la mañana antes que nada hice mi ejercicio, por supuesto, y salí después a hacer una infinidad de diligencias que tenía pendientes luego de la agitada semana de viajes.

De pronto... "la cereza en el cake". La llamada que a los periodistas siempre nos pone a mil por hora: ¡José José acaba de fallecer!

"Sal corriendo al Newsport para comenzar a transmitir", me dijeron.

Así fue. La adrenalina nos puso a mil, y eso nos sostuvo durante la larga transmisión que duró seis horas. Finalmente pude irme a descansar unas horas porque en breve comenzaría el largo viaje.

Cuando me acordé del ejercicio me di cuenta de que lo había hecho por la mañana, así que me pude ir a dormir sin cargo de conciencia.

Pero al abrir los ojos el domingo temprano sabía que tenía que ejercitarme y... me sucedió ese algo a lo que siempre temo, pero que enfrento: mi cerebro me empezó a sabotear.

"¿Por qué no te quedas en la cama otro rato?".

"¿Quién te está apurando?".

"¿Qué es un día sin hacer ejercicio? Ni que fueras atleta de camino a una olimpiada".

Es cuando uno se tiene que preguntar, pero más aún, responder con honestidad: ¿Es flojera o es cansancio? Ahí esta el detalle.

No tengo la menor vergüenza en reconocer que nunca he experimentado un sentimiento que a muchos les produce un enorme placer: quedarse en la cama y que el reloj marque las doce del día, la una de la tarde, o más... Nunca he estado en esa situación y creo que no me gustaría. No imagino eso de que afuera la gente ande en la calle haciendo su vida normal y yo me haya quedado acostadita en mi cama profundamente dormida o pronta a despertarme. De solo pensarlo se me pone la piel chinita del puro susto.

¿Por qué les cuento esto? Pues porque una de las mayores excusas que nos damos para no cumplir con nosotros mismos —si de ejercicio se trata— es el mismo...

"¡Qué cansada estoy!".

"Hoy de la cama no me levanto por el cansancio".

"Es el cansancio el que no me deja ni pararme".

"Me pesan los pies del cansancio que tengo".

Y la pregunta es: ¿Cansancio o flojera?

Aunque son dos cosas diametralmente opuestas, según nos convenga, una de ellas sabotea cualquier buen propósito de ejercicio.

¿Saben ustedes cuándo se trata de cansancio y cuándo de flojera?

Me tomó años, pero lo aprendí arrinconando a mi mente en los momentos clave. Ha sido una larga etapa de aprendizaje. Cuando pasaba largas jornadas trabajando, mucho antes de llegar a casa, en pleno camino comenzaba a bostezar. Era el primer signo de que el cerebro estaba enviando las señales que apoyarían las palabras: "¡Qué cansada estoy!".

Entonces de inmediato comenzaba a repetirme para mis adentros: con este cansancio lo que tengo que hacer ahora al llegar a casa es bañarme y meterme a la cama porque el cuerpo necesita un descanso. ¿Qué era eso? ¡Flojeraaa!

Cuando hoy me sucede algo semejante, de inmediato detengo el bostezo y me digo:

"Ahora mismo llego y me pongo la ropa de ejercicio, hago por lo menos cuarenta y cinco minutos sin parar y después al baño y a la cama".

Imagino el beneficio de acabar con el estrés —nervios lo llamaban hace años—, ese estrés que provoca tantas y tantas enfermedades y que se doma cuando yo sé que, sin importar la hora que sea, voy a darle a mi cuerpo ejercicio.

Con esos pensamientos comienzan a controlarse los sabotajes mentales.

Diferente es la otra situación que es real: el cansancio. Después de una larga jornada de trabajo el cuerpo parece irse desconectando. Los párpados pesan tanto que cuesta trabajo mantener los ojos abiertos. Eso es cansancio. Es una situación que impide la perfecta coordinación del cuerpo con la mente para ejercitarse, y entonces sí que existe la razón real, no el pretexto, para no ejercitarse ese día.

Hay otra situación que ocurre y que impide mover el cuerpo activamente... Me ha sucedido y ha dificultado cumplir con mi propósito de ejercitarme todos los días. Se trata de cuando sufro de gripa, algo que no me ocurre a menudo. Aunque la enfermedad me tira unos días en cama, el ímpetu de hacer ejercicio no me abandona, pero al querer hacerlo la debilidad se hace sentir. Entonces me pregunto si es flojera.

Sabrina Hernández-Cano, mi nutricionista, me lo ha explicado bien:

"Cuando tenemos una gripa o un catarro, el cuerpo necesita reponerse y recuperar las fuerzas; entonces, si estando enfermos hacemos ejercicio, lo único que se logra es ponerle una sobrecarga de estrés al organismo, que tiene que dejar de sanar para poder cumplir con la otra tarea que le damos a pesar de las condiciones físicas".

A fin de cuentas todo depende de dos cosas: un buen examen de conciencia y fuerza de voluntad. Y a esta última también podemos echarle una mano para que funcione mejor...

¿Cómo ayudar a la fuerza de voluntad?

Identifiquen sus factores de riesgo, y se los pongo más claro, pregúntense y respondan con la verdad y nada más que la verdad:

- Identifiquen las horas más convenientes para cumplir con ustedes mismos.
- ¿Pueden hacer ejercicio? ¿A qué hora? ¿De día o de noche?

Esto es crucial.

- No hagan absolutamente nada que no les sea del todo placentero porque entonces el riesgo de fallar será enorme.
- No intenten el ejercicio de moda ni vayan al gimnasio de moda porque antes de lo que imaginan dejarán de hacerlo.
- Las historias de fracaso en personas mayores de cincuenta años de edad están relacionadas con los aparatos y videos para ejercitarse que compran una noche en que no pueden dormir y se ponen a ver "infomercials" por televisión.

Fui una de esas personas en incontables ocasiones. ¿Verdad que las modelos se ven preciosas arriba de las máquinas? ¿Verdad que hacen todas las rutinas fácilmente? ¡No se engañen! Todo eso está diseñado para sacarle dinero a una gran cantidad de gente. Y ¿saben por qué razón? ¡Porque venden ilusiones ligadas íntimamente a la flojera y a la falsa esperanza!

Lo que no nos damos cuenta es que todo eso está dirigido

a las personas que tienen ganas de cambiar sin hacer esfuerzo, quienes de pronto se chocan con la realidad. No pueden seguir el ritmo de la rutina que les han vendido, algo más apto para atletas preparados, maestros y maestras de educación física en gimnasios repletos de gente que hace todo tipo de ejercicio sin sudar, maquillados y felices, y que incluso se ejercitan en otros escenarios como las playas.

¡Háganme el favor! Nada más alejado de la realidad que lo que les han vendido.

Bien. Ya nos dimos cuenta de que hay una relación entre la flojera y el cansancio, pero entonces, ¿qué hacer para que nada nos venza? Lo que yo hice: ¡Le perdí el miedo a la aventura! Y si no me creen, los invito a que vuelvan a leer el capítulo dedicado a mi maratón, o el de las vacaciones que pasé caminando hasta Santiago de Compostela en España, o que me sigan diariamente en mi cuenta de Instagram @Collinsoficial.

Es por eso que cada vez que la gente me dice: "Ya estoy muy mayor para comenzar a hacer ejercicio", abro los ojos como el lobo feroz del cuento de Caperucita Roja y les digo a todo pulmón:

"¿Vieja, viejo? ¡Viejo es el mar y todavía tiene agua!".

Para empezar, los años no importan porque la flojera y el cansancio atacan a cualquier edad y de lo que se trata es que se metan esto en la cabeza: una cosa es estar cansado, y otra es dejarse sabotear por el cerebro y que los contagie la flojera.

A la flojera, como es mental… se le vence.

Pero regreso a esas dos primeras semanas desenfrenadas de octubre de 2019, cuando estaba trabajando cansada y sin descanso… Esta historia prueba mi teoría.

Viajé a Polonia mientras en Estados Unidos continuaba la saga por la muerte de José José y la incógnita de dónde se sepultaría su cuerpo. Me equivoqué al pensar que durante la semana en que estaba yo trabajando en el reportaje sobre los hispanos fallecidos y sobrevivientes de los campos de concentración nazis, una de sus familias se llevaría el cuerpo o se celebrarían en Miami los servicios fúnebres y la historia se terminaría.

Me sorprendió en la carretera la llamada de María Guzmán, vicepresidenta ejecutiva de Univision Noticias, mientras manejábamos de Cracovia hacia el noreste de Polonia...

"¡Tienes que dejar lo que estés haciendo en este momento porque tengo que traerte de regreso a Miami! Te estamos buscando un boleto para que vengas urgentemente a conducir el homenaje que Miami rendirá el domingo al 'Príncipe'. Tenemos solo veinticuatro horas para que estés aquí".

Tratándose de María todo es posible.

Efectivamente, tras comprar un boleto carísimo, me trajo del noreste de Polonia a Cracovia para tomar en unas horas el único vuelo que salía ese día hacia Londres. De ahí a Miami, y en cuestión de horas, estaba sentada en su casa escuchando los pormenores de la transmisión.

Desde su llamada hasta aquel momento, ya era la noche de Miami, habían pasado veinticuatro horas; eso fue lo que duró el largo camino de regreso.

Al salir de casa de María me di cuenta de que no había hecho ejercicio ese sábado y que todo habían sido aviones y carretera... Nada peor para romper el propósito. Tendría que hacerlo inmediatamente al llegar a casa. Entonces mi cerebro comenzó a traicionarme...

"¿Ejercicio ahora? Collins, tú no estás loca".

"Vete a dormir que bastante has hecho...".

"Déjalo para mañana por la mañana, estas extenuada... han sido muchas horas de vuelo".

"¿Qué puede pasar? Nada... no pasa nada...".

En ese momento me di cuenta de que mi cerebro estaba saboteándome y que el cansancio en realidad era flojera. Pegué un grito dentro del auto: "¡Noooo, Collins, Nooo! Tú eres más fuerte que la flojera que quiere vencerte". Y nomás llegar a casa me subí a la caminadora. La satisfacción de vencer el sabotaje y de cumplir conmigo misma fue más grande que cualquier tentación. Eso, por favor, no lo olviden.

PARA RECORDAR

- ¿Es cansancio o flojera?
- Identifiquen las mejores horas para cumplir con ustedes mismos.
- ¿Pueden hacer ejercicio? ¿A qué hora? ¿De día o de noche? Esto es crucial.
- No hagan absolutamente nada que no les sea del todo placentero porque entonces el riesgo de fallar será enorme.
- No intenten el ejercicio de moda ni vayan al gimnasio de moda porque más pronto de lo que imaginan dejarán de hacerlo.
- ¿Les ofrecen sistemas de dieta o aparatos donde todo se ve fácil? Pruébenlos antes de embarcarse en una compra que les dé sorpresas desagradables.
- Nunca olviden que la satisfacción de vencer el sabotaje de nuestro cerebro es más grande que cualquier tentación.

SI TE CAES... ¡SACÚDETE Y VUELVE A LEVANTARTE!

El 2019 fue un año en que, gracias a Dios, el trabajo y los viajes aumentaron. Siempre digo que Dios es generoso y que me da justo la medida de lo que puedo soportar. Más de cien mil millas voladas en los primeros siete meses del año confirman que no paré en casa y que las jornadas eran de más de catorce horas.

¡En doce meses volé ciento cincuenta mil millas! Lo que significa que prácticamente estuve viajando todas las semanas. Ir a México era como salir a la playa. Estuve en El Paso, Texas, San Antonio, Roma, el Vaticano, Cracovia, Auschwitz, Birkenau, Lima, Machu Picchu, Madrid, el Camino de Santiago de Compostela. Nada más recordarlo me da cansancio...

Pero a pesar de tanto trabajo y de tantos viajes y reportajes, ¿qué significaba eso en mi vida? Muy sencillo: que materialmente no había tiempo para hacer ejercicio. Matemáticamente era imposible encontrar el momento porque pasaba casi dieciséis horas trabajando sin parar en condiciones extremas. Regresaba a casa un par de días antes del siguiente viaje y, aunque hacía mi rutina cada mañana, la volvía a interrumpir días después con el siguiente viaje.

Estaba justamente escribiendo este libro cuando una mañana, en la foto que me tomo a diario al levantarme y que me alerta sobre cómo ando de peso, me vi con tres libras por encima de las ciento quince que he considerado mi peso ideal. Es el despertador que tengo ya activado en mi mente para advertirme del peligro de fallar. Pero, aunque me preocupaba, como todo ser humano me daba mis excusas… ¿Acaso porque una trabaja en la televisión es inmune a fallar?

Con cada día que pasaba sin ejercitarme, de inmediato venía la disculpa… "No pasa nada, Collins, en cuanto puedas vuelves al ejercicio y ya"; "No te preocupes ahora que bastante trabajo tienes, después habrá tiempo para lo demás"… Y entre tanto iba cayendo como víctima fácil de la ansiedad. Y de la ansiedad al estrés hay solo un paso. Lo sé y por eso se los repito: cuando el cortisol (la llamada hormona del estrés) sube, adiós fuerza de voluntad, porque viene la comedera sin control. Los cambios inesperados de peso son uno de los efectos del exceso de cortisol, que se incrementa cuando no se hace ejercicio, cuando el trabajo aumenta, cuando no hay descanso, cuando la alimentación no es adecuada o no se duerme un ciclo de por lo menos ocho horas diarias. El cuerpo lo resuelve produciendo la hormona cortisol, que provoca hambre cada vez que la ansiedad ataca, y cuyas consecuencias son el aumento de peso, la debilidad, el hambre, y un descontrol total… A los efectos del cortisol les tengo terror. Ataca mayormente a quienes cambian el patrón del sueño. A mí me sucedió cuando tuve un programa matutino nacional y me levantaba a las cuatro de la mañana para vestirme y salir corriendo al canal. Ahí comenzaba mi día desayunando fuerte a esa hora. Para las nueve o diez de la mañana mi cuerpo nuevamente me pedía desayuno y poco más tarde el almuerzo. Hacia las dos de la tarde volvía a comer y por la noche cenaba antes de acostarme a intentar dormir, algo que no siempre conseguía.

De más esta decir que mi cuerpo se descontroló totalmente. Era mi tiempo de sedentaria donde ni soñando hubiera hecho ejercicio. ¿El resultado? Aumenté por lo menos treinta libras en un año y fue mucho tiempo después que supe que todo aquello se lo debía al pérfido cortisol.

¿Les parece familiar esto?

Volviendo a la historia de 2019 que les contaba, por supuesto que, si no tenía tiempo para el ejercicio tampoco lo encontraba para mi cita —al menos cada dos semanas— con Sabrina Hernández-Cano, mi nutricionista. Y mientras tanto, el cortisol seguía "por la libre" haciendo de las suyas poco a poco en mi cuerpo.

Las llamadas de Sabrina para que fuera a mi chequeo me devolvían a la realidad, pero yo apagaba el botón de la alarma hasta que, finalmente, un día fui a verla. Cuando me bajé de los modernísimos aparatos a los que me pidió que me subiera para medir la cantidad de grasa visceral, la más peligrosa de todas, su rostro reflejó preocupación...

—Estás llegando al límite desde donde difícilmente se regresa a la sobriedad... Sí, te estoy hablando de sobriedad, tal y como se utiliza en la adicción al alcoholismo y que funciona igual en la adicción a la comida. Desde que te operaste estábamos en treinta y cuatro, treinta y seis... pero estas cuarenta libras anuncian el inicio del descontrol —dijo.

Yo no necesito mentirle a nadie, y menos a mí misma.

—Yo lo sé —le dije compungida—. Pensaba que como comía poco y varias veces, eso me eximía.

Seria, mi nutricionista me respondió de inmediato:

—No te des excusas, que tú sabes mejor que nadie que la ecuación es sencilla: si comes más calorías de las que quemas vas a subir de peso. Las calorías no solo son sólidas, también vienen líquidas. Si comes helado eso no agranda el estómago… pero te sube de peso porque es grasa pura.

Le confesé que comía semillas, nueces, pasitas, un poco de esto, un poco de lo otro, y… hacía cero ejercicio.

—Tienes que retomar el control de tu vida o todo se vendrá abajo irremediablemente y te convertirás en parte de ese setenta por ciento de pacientes que vuelven a engordar después de la cirugía bariátrica porque fallan en el cambio de vida —agregó.

Al escucharla me di cuenta de que más angustiada que ella estaba yo, en *shock* ante algo que me preocupaba y que requería de acción inmediata.

—Si no quieres que esto sea el fin de tus sueños tienes una semana para mostrarme los resultados de lo que hayas decidido hacer para poner fin a este peligro. Los aparatos no van a dejar mentir. Así como descubren el fracaso, también premian el triunfo.

Salí de la consulta apesadumbrada, derrotada… Sin lugar a dudas estaba en el piso. Había caído.

Pero eso no me dura mucho. No soy dada a la autoconmiseración, sino todo lo contrario, y enseguida me dije: "Manos a la obra, Collins…".

¿Cómo podía estar sumida en el temor y el peligro de fracasar mientras escribía un libro sobre el éxito de mi transformación? ¡Imposible!

¿Qué hacer? ¡Pues poner remedio, pero de inmediato! No mañana, ni pasado mañana, ni el lunes entrante… Sino en ese preciso momento. Llegué a casa y me fui directo a cambiarme de ropa para subirme a la caminadora. Y comencé a hacer ejercicio de inmediato, sin importar que fuera de noche o que acabara de regresar de un largo viaje, sin importar el cansancio, sin importar que al día siguiente tendría que madrugar por un par de compromisos ineludibles.

La regla de las dos horas.

No en balde tengo mi "regla de las dos horas". A esa me la inventé yo. ¿Y cuál es? Pues una muy facilita de seguir y que significa que reservo, sin ninguna excusa, dos horas antes de salir a un compromiso. ¿Qué hago? Una hora la dedico a hacer mi rutina de ejercicio, sin importar la hora del día que sea. Si el compromiso es a las siete de la mañana, a las cinco de la madrugada estoy dándole a la caminadora durante una hora. No rompo esta regla. No y no. Y la hora restante la dedico a bañarme y a arreglarme para salir a tiempo a la cita que tengo planeada.

"La regla de las dos horas" no me falla y siempre funciona.

El sábado siguiente por supuesto que fui sin falta al examen en la consulta de Sabrina. Me subí de nuevo a los modernísimos aparatos de mi nutricionista y esta vez, al bajarme, con solo ver su rostro mientras revisaba las cifras en la pantalla, me di cuenta de que me estaba recuperando...

—¡Muuuy bieeeen! Has bajado en una semana cuatro libras de grasa que equivalen a cuatro cajitas con cuatro barritas de mantequilla dentro.

¡Cuando oí sus palabras me volvió el alma al cuerpo y con más ganas que nunca me fui directo a casa a hacer mi ejercicio del día!

¡Eso es lo que había funcionado! Me repetía para mis adentros: "¿Acaso, Collins, no eres tu mejor laboratorio de experimentos? ¿Cómo podías olvidar lo que tú misma experimentaste?".

"¿No te repites a diario que las calorías que te metes por la boca tienes que sacarlas de alguna forma y no hay otra forma que no sea el ejercicio? Si fallas, Collins, entonces no tienes perdón de Dios...".

¿Qué funcionó? ¡Pues que no fallé y quemé las calorías como yo mejor que nadie lo sabe hacer! Y... que dejé a un lado los pretextos.

Sabrina respiraba feliz y sobre todo aliviada.

—Supe que había dado en el blanco al hablarte claramente y que sobre todo tú estás enfocada totalmente en no volver al pasado del que has huido y contra el que luchas a diario —dijo—. Esta es una prueba de lo que puede ocurrir si te descuidas... No lo olvides y vuelve a subir la guardia...

Con ese propósito en mente es que me digo: ¿Que no tengo tiempo para hacer la hora completa? Entonces hago media hora y la otra media hora la hago al regresar. ¿Que estoy cansada? Muuuy cansada. Pero el propósito del cambio no puede abandonar mi vida.

Después de pasar por un tropiezo como este me quedaron varias cosas claras: Que para mantenerse en el peso ideal a largo plazo hace falta la supervisión continuada de un experto, que el ejercicio es vital para bajar de peso, y que hay que comer en pequeñas porciones, nunca en platos atiborrados de comida, se haya tenido la cirugía o no.

¿Y qué aprendemos de estos momentos en nuestra vida en que parecemos caer derrotados?

Aprendemos a perder el miedo a caer porque pensamos que uno no se podrá levantar nuevamente... Una caída no significa nada más que un tropiezo en la lucha que libramos todos los días contra nosotros mismos.

Yo aprendí que la clave está en la resiliencia... en no dejarse vencer. Volví a ver las fotos que siempre tengo a mano y que me devuelven la cordura y, entre ellas, la foto que me ayudó a tomar la decisión de operarme, de la que les hablé al comenzar este libro. Y al volver a verla, me pregunté nuevamente:

"Collins, has pasado tanto, tanto y tanto... Y todo, ¿para qué? ¿Para regresar a la vida anterior?".

La respuesta "se caía de la mata". ¡Nunca más!

Así que si aplican esta máxima a cualquier situación difícil que los tire en la lona... entonces ya saben cuál es la solución: ¿Se cayeron? ¡Sacúdanse y vuelvan a levantarse! ¡Ustedes pueden!

PARA RECORDAR

- No apaguen la alarma de control del propósito que quieran cumplir (con operación o sin ella) y que, en mi caso, consistía en asistir a mis controles de dieta.
- Sin ejercicio y con el estrés diario, el cortisol del cuerpo sube y eso provoca hambre, hambre y más hambre...
- No se den excusas, pues ese es el primer paso para fallar. ¡Ustedes son más importantes que cualquier excusa!
- Los remedios se ponen de inmediato. ¿No han hecho ejercicio? No importa la hora ni el día... ¡Comiencen hoy mismo!
- Si comen más calorías de las que queman van a subir de peso.
- ¿Se han caído? Pues entonces, ¡a sacudirse y a levantarse!

TRUCOS, TRUCOS Y MÁS TRUCOS

Lo digo y lo repito. No soy marciana, equipada con otro cuerpo y otra mente. Soy igual que ustedes. Tengo flojera, cansancio y no me gusta el ejercicio... Pero, ¿qué hago si no hay otra para poder estar saludable? ¡Pues vencerme a mí misma!

Sí, es muy fácil de decir, pero a la hora de la verdad hay que "darle duro" al cerebro. Me di cuenta de que, cuando uno sabe que va a fallar, todo es cuestión de "trucarlo".

Muchas veces me encuentro diciéndome en voz baja: "¿Qué te creíste, Collins? ¿Qué no me iba a dar cuenta de que el cerebro está diciéndote lo contrario de lo que tú te propones hacer de ejercicio? ¡Pues sí que me di cuenta! Pero no me va a ganar...".

IDENTIFICAR EL RIESGO

Para ayudar a la fuerza de voluntad, especialmente cuando se trata de hacer ejercicio diariamente para construir la energía que necesitamos, también podemos recurrir a la ayuda de trucos.

De entrada les recomiendo que identifiquen las mejores horas para cumplir con ustedes mismos. Hay personas que son mañaneras y otras que son más nocturnas. Hay quienes pueden a ciertas horas y muchos que solo pueden encontrar tiempo en otros momentos.

La clave está en ser honesto con uno mismo para responderse las preguntas más simples: ¿Puedo hacer ejercicio? ¿A qué hora? ¿Por la mañana o por la tarde? ¿Cuál es el ejercicio que más me gusta? De todas estas preguntas, la última es crucial.

NO hagan absolutamente nada que no les resulte placentero porque entonces el riesgo de fallar será enorme. Les explico por qué, según mi experiencia.

A menudo me preguntan si hago Zumba o Pilates, si voy al gimnasio o hago pesas, y sobre muchas otras modalidades de ejercicio. Y la respuesta es no. Solo camino, pero a un ritmo fuerte que en inglés llaman *power walking*. Es decir, caminar rápido, no como un paseo, suave y despacito; sino como un ejercicio que eleva el ritmo cardiaco y que pone a trabajar el metabolismo. Camino de una hora y media a dos horas y media al día, a tres o cuatro millas por hora, es decir, rápido, consistentemente y sin fallar.

Fui honesta conmigo misma al evaluar si yo era capaz de salir de madrugada para ir a un gimnasio, y me reconocí a mí misma que no. Exploré entonces las clases de Zumba que son muy alegres, pero no iban conmigo porque quedaba instantáneamente extenuada, y tuve que desechar la idea.

Las clases de Pilates me atraían pero quedaban lejos de mi casa, es decir, supe que si iba a hacer una actividad física, esta tendría que ser con las mayores comodidades que me hicieran posible triunfar sobre el sabotaje del cerebro que de inmediato le dice a uno: "¿Vas a ir tan lejos? ¿No te da flojera?".

Entonces supe que el ejercicio ideal para mí consistiría en tener una buena caminadora, y tenerla cerca. La caminata pone en funcionamiento el gimnasio con el que venimos equipados al nacer —los brazos y las piernas— para quemar la energía acumulada.

LA NOCHE ANTERIOR

¿Qué hago por la noche? Justo al lado de la cama pongo la ropa de ejercicio de manera que, al abrir los ojos, esté lista y sea lo primero con lo que me encuentro. No pierdo tiempo en buscarla. Ahí mismo, al pie de la cama, están también listos los tenis y los calcetines.

POR LA MAÑANA

Abro los ojos y me pongo de inmediato la ropa. No doy tiempo para que mi cerebro comience a analizar lo que voy a hacer. Ya está en algo que al principio él no entendía pero que poco a poco fue injertándose en mí como un buen hábito.

DURANTE EL EJERCICIO

En este paso las cosas no son tan sencillas. Hay gente que goza con el ejercicio... Que Dios los bendiga, porque a mí me pasa todo lo contrario. He llegado a amar hacer ejercicio porque lo necesito. En realidad, para mí es muy fácil que hacer ejercicio me aburra y soy totalmente susceptible a que cualquier cosa me distraiga, lo cual el cerebro aprovecha inmediatamente para hacer de las suyas y comenzar con el cuestionamiento interno... "¿Acaso no tienes flojera? ¿Por qué no dejarlo para más tarde? ¿Por qué no dejas el ejercicio para otro día?". Ahhh... pero el muy pillo no contaba con mi astucia.

Tengo grabada una buena colección de series y programas de televisión que me gustan, de manera que, así sea la madrugada cuando me pongo a hacer ejercicio, están ahí para distraer al cerebro que está listo para sabotearnos de cualquier manera posible...

GRUPOS DE APOYO O "LA TROPA LOCA"

Luego del Maratón de Miami en 2019, Silvia Salgado, Yvana Jijena, Olivia Liendo y yo no nos detuvimos. Por el contrario, nos convertimos en maratonistas en ciernes entrenando por las madrugadas sin tener competencia al frente. Seguimos entrenando juntas a pesar de que aquella carrera había terminado.

¿Qué les digo con esto? Que no solo por cuestiones de seguridad, sino por el apoyo mental, es importante tener siempre el grupo de apoyo al que yo he bautizado como "LA TROPA LOCA". No solo nos impulsamos a seguir adelante... Lo más importante: no nos dejamos caer. ¡No!

Todos podemos tener una "Tropa Loca" pero es condición esencial que todos sus miembros compartan ciertas características...

Tienen que ser afines. No necesitan ser amigas o amigos, pero sí contar con las mismas metas que, en este caso son: salud, ejercicio, fuerza de voluntad, no aceptar las excusas, tener ganas de disfrutar para uno mismo ese tiempo diario de ejercicio y ser capaz de sacrificarse para lograrlo. También ayuda tener buen sentido del humor, ser solidario y, ante todo, tener plática para hacer amenas las horas de caminata.

Silvia, Olivia, Yvana y yo estamos en la misma onda. Yo soy la "cuenta cuentos". Como soy la mayor de edad y ellas son más jóvenes, tengo más anécdotas para contar. También me he ido dando cuenta poco a poco de que cuando ven que no me rindo, ellas hacen un esfuerzo extra para no dejarse caer y piensan: "Si MAC a sus años puede, yo no me puedo quedar atrás".

Durante las peores épocas de la pandemia tuvimos nuestras grandes pruebas. Por supuesto que caminábamos. No todas podían por la cuarentena, pero Yvana y yo, que éramos trabajadoras esenciales de Univision Noticias y, por tanto, teníamos movilidad, caminábamos en la madrugada porque entrábamos después de las diez de la mañana a nuestro *show El Diario del Coronavirus*. El problema es que en las redes sociales la gente no entendía que el ejercicio que hacíamos no estaba prohibido y comenzamos a provocar controversia. Lo dejé de publicar en las redes pero no de hacer. Yvana poco después desistió por consejo médico y yo entonces continué solita por un tiempo hasta que poco a poco volvimos a nuestra anterior y queridísima rutina.

Los sábados y domingos y los días en que ellas pueden por la tarde no están completos sin nuestro ejercicio, ese que nos conecta con lo que nos hemos propuesto: estar sanas el mayor tiempo posible, cumpliendo siempre las reglas para prevenir el Covid-19 durante la pandemia que nos tocó vivir en el 2020 y el tiempo que ha seguido...

Un buen día en medio de la crisis, Silvia nos dio la noticia: le habían diagnosticado el virus. De inmediato pensó en nosotras. Ciertamente habíamos estado juntas caminando en Miami Beach. Tuvimos temor, sí, pero al mismo tiempo sabíamos que siempre habíamos guardado la distancia, que cada quien llegaba en su auto, que nos lavábamos las manos a cada rato y que sobre todo siempre usábamos la mascarilla facial.

Al final, ninguna de nosotras resultó contagiada y Silvia se recuperó felizmente.

Esta es la esencia de "La Tropa Loca": que sea un grupo pequeño de amigas o amigos —dos, tres, no más de cuatro porque entonces es un pelotón—, pero que funcione como un grupo de apoyo del ejercicio. Que sea la mano en que apoyarse cuando las ganas falten y las excusas sobren.

Tienen que hacerse de un grupo así. Es la mejor receta para nunca fallar.

PARA RECORDAR

- Hay que "engañar" la flojera que nos sabotea preparando desde la noche anterior lo que se van a poner para hacer ejercicio apenas abran los ojos.
- Pongan todo al alcance de la mano. Más claro: justo al lado de la cama.
- No escojan el ejercicio de moda, sino el que honestamente sepan que van a hacer, si es necesario, los siete días de la semana.
- Si hacen ejercicio en una máquina intenten tener frente a ella una pantalla. Yo tengo además series y programas grabados que no tengo tiempo de ver más que cuando me ejercito. Eso me distrae a cualquier hora que decida subirme a la caminadora.
- Tienen que formar un grupo de apoyo como el mío, que llamo "La Tropa Loca".
- No es necesario que sean amigas o amigos, sino buenas compañeras o compañeros, que compartan un mismo interés por la vida saludable, que sean positivos, que apoyen, que estén dispuestos a hacer ejercicio a diario y, sobre todo, ¡que nunca digan no!

TOCAR FONDO...

Por querer contarles tantas cosas, he brincado de un lado para otro, sin hablar del momento crucial en el que ya no me quedó otra opción que tomar una de las decisiones más importantes de mi vida.

La fiesta de Navidad de la redacción de Noticias Univision en diciembre de 2013 me adelantó un regalo inesperado: una foto que me hizo tomar la decisión de cambiar mi vida radicalmente. La foto la tomó una productora del programa "Al Punto" y en ella aparecíamos Satcha Pretto y yo en un inmenso *close up*.

Todas las imágenes aparecían en las grandes pantallas del Newsport Univision, la redacción más moderna de la televisión hispana y en donde se localizan, en la inmensa planta, todos los programas de la presidencia de Univision Noticias. Rodeada de tecnología de punta, en aquel 2013 el Newsport se antojaba de la era espacial, con inmensas pantallas de televisión donde a diario se pueden ver todas las noticias que están ocurriendo, además de lo que transmiten todos los canales de televisión. Pero ese día de diciembre, todos esos monitores tenían otro objetivo: mostrar las fotos que se estaban tomando del festejo navideño de todos los que ahí trabajábamos de manera que pudieran ser vistas de inmediato por todos en un formato gigantesco.

En el momento en que apareció mi foto junto a mi compañera Satcha Pretto sentí que algo se rompía dentro de mí y que me hundía en el piso. Mi primera reacción fue de rabia... Era mi cara regordeta con tres rollos de grasa en el cuello, las mejillas cerrándome los ojos y, por si fuera poco, ¡me había puesto unos cuernos de reno para no pasar inadvertida en aquella fiesta! Verme así fue más de lo que mi humanidad pudo soportar.

"¡Me lo hizo para avergonzarme!", me dije convencida, pensando en la productora que había tomado la foto. A mi alrededor pude escuchar varios cuchicheos:

"¡La pobre MAC!". (MAC me llaman en confianza).

"Mira que los años la han puesto mal...".

"¡Ay! Pero qué feo ha envejecido".

"¡Miren esa papada... ya no se le ve el cuello!".

Yo sentía un nudo en la garganta, pero la indignación se convirtió en el motor para ir a confrontar a aquella que, en mi opinión, me había puesto en ridículo deliberadamente con aquella foto.

"¡Ahora mismo me va a oír!", me decía a mí misma. "¡Tengo que encontrarla porque eso lo hizo a propósito!". Y salí rauda a buscarla...

No la veía por ninguna parte. Parecía que la tierra se la había tragado porque había desaparecido con todo y su malévola cámara. La inocente productora había sido advertida por alguien a quien le confesé mis negras intenciones de ir a reclamarle...

—Ay, fulanita, corre porque MAC anda buscándote para reclamarte por la foto que le tomaste.

—¿Pero qué hice de malo con eso? —preguntó la inocente productora.

—Nada, chica, pero ella cree que la pusiste a propósito en la pantalla para ridiculizarla por su gordura...

Aquella mujer hizo caso a la advertencia y se fue hacia una

zona donde yo no la pudiese encontrar. De pronto, en medio de su búsqueda, yo escuché la voz de mi conciencia que me hizo ver algo muy importante…

¡Ni la productora ni su foto me habían hecho daño a propósito: la foto me mostraba tal y como era yo! Si alguien me había hecho daño… había sido yo misma y nadie más. ¿Me dolía ser aquella mujer de cara regordeta, con tres dobleces de grasa que caían en el cuello marcado con una gran papada que amenazaba con hacer desaparecer la línea de la quijada? El rostro hinchado era una realidad y… ¡por supuesto que eso me dolía!

Estaba gorda… pero no era ni ciega ni tonta.

Y, ¿qué tenía que ver con todo eso la inocente productora a quien yo estaba decidida a perseguir y confrontar por el daño que yo pensaba que me había hecho?

¡Por supuesto que absolutamente nada!

En ese momento, mi sentido común me hizo detener aquella injusta persecución y la reflexión me hizo ir corriendo a mi auto estacionado afuera del edificio para llorar desconsoladamente.

¿Qué me había sucedido? ¿Por qué era un fracaso yo, que había hecho las mil y una dietas que se habían inventado hasta aquel 2013? ¿Por qué yo, la misma que había escrito un exitoso libro llamado *Dietas y recetas de María Antonieta* había llegado a abandonarme hasta llegar a ese extremo?

Fueron los sesenta años —me disculpaba interiomente—, y también la muerte de Fabio, que me sometió a un sufrimiento del que me repuse comiendo. Fue su ausencia la que me llevó a la etapa donde me encontraba… Nada me daba consuelo, pero la cuestión más importante era saber… ¿hasta dónde iba a permitirme llegar?

Del punto en el que me encontraba con cinco pies y dos pulgadas de altura que cargaban 183 libras de peso, con dos pastillas diarias para controlar la presión arterial alta, con una más para el colesterol, con una apnea del sueño tan severa que todos en casa huían si me veían dormirme por el ruido que hacia al roncar aunque fuera un rato; y lo más grave aún, que ya había sido diagnosticada con pre-diabetes.

Estos problemas médicos indicaban que mi futuro, en cuestión de salud, no era muy prometedor. Allí, llorando dentro del auto, recordé algunas de las frases que más me dieron en el blanco:

"¡La pobre… qué feo ha envejecido!".

"¿En qué momento se puso tan gorda?".

Sí, tristemente tenían razón: había envejecido feo. En muchas ocasiones yo misma me disculpaba con la mejor de las excusas: "Es que ya llegué a la edad de la pastilla para la presión, los zapatos de tacón bajo y el barandal".

Y no estaba muy equivocada. Ya hacía tiempo que los zapatos de tacón alto habían pasado a la historia en mi guardarropa, pues con solo intentar calzar uno el dolor resultaba insoportable… Por otra parte, cuando me refería a la edad "del barandal" era porque siempre buscaba una baranda para poder sujetarme y que hiciera las veces de bastón.

No era capaz de caminar una sola cuadra —¡imposible!— y estaba sin lugar a dudas en "la edad de la pastilla para la presión" porque mis pláticas con gente contemporánea comenzaban invariablemente con la misma pregunta que me hacían:

"¿La pastilla para la presión te la tomas al acostarte o al amanecer?".

Yo tenía que decirles que al amanecer y al anochecer porque no era una, sino dos las que me habían recetado al día. Era ya el tiempo de reconocer que había ingresado en el nirvana de los *senior citizens*.

En ese momento, entró en operación el recurso que mi mente siempre ha utilizado: me doy un tiempo —ya sean minutos, días, o a lo sumo un par de semanas— para mis lutos, mis duelos y mi dolor. Una vez pasado el plazo que me haya concedido, me pongo inmediatamente manos a la obra para reconstruir lo "malo", lo "negativo", y... adiós tristeza... ¡A levantarse!

Eso mismo me ocurrió aquella fatídica tarde de diciembre de 2013 cuando supe que ya no me quedaba más opción y que tenía que decidirme a dar el paso más difícil: realizarme la cirugía bariátrica de la manga gástrica.

El paso siguiente fue hablarle al doctor Moisés Jacobs para la cita que cambiaría mi vida...

Conocí al doctor Jacobs en el año 1997 cuando tuvieron que extirparme la vesícula biliar y él me hizo aquella operación por laparoscopía. La recomendación médica era excelente. En ese entonces, Jacobs era uno de los grandes cirujanos laparoscópicos que ya la realizaban rápidamente y con gran éxito.

Años después volví a saber de él cuando mi jefe y amigo Daniel Coronell se realizó con él una cirugía bariátrica y volvimos a reconectar. Es conocido en la Florida como "El Patriarca" de la cirugía bariátrica de la manga gástrica. Así, sin más. Es un hombre con un carácter generoso y que habla claro. Hice una cita para hablarle del aumento de peso que estaba experimentando y para saber su opinión sobre las posibilidades que yo tenía como candidata a la operación. Era el mes de septiembre de aquel 2013 cuando me dio una gran explicación sobre la cirugía que me pareció interesante, pero decidí no tomar ninguna decisión, ya que como el resto del mundo que no quiere aceptar un cambio que es necesario, me dije: "No te metas en nada de eso, Collins, que tú te propones una dieta y te vas a quedar más que bien". Ja ja ja.

Volviendo a la fiesta navideña de ese diciembre, yo sabía perfectamente cuál era la respuesta a aquel gran y difícil momento que tenía delante: debía llamar al doctor Jacobs y preguntarle "¿Cuándo me puede operar?".

Y así lo hice. Nunca pierdo el tiempo haciendo "castillos en el aire" y la cita fue para el 27 de enero de 2014, es decir, casi un mes más tarde. ¿Por qué esa fecha? Ahhh, porque me di el "chance" de pasar las fiestas comiendo todo lo que se me diera la gana y me prometí algo que hasta el día de hoy me repito: ¡Nunca más una temporada navideña vistiendo la talla 16! ¡Nunca!

Y aquí sigo.

CON EL MUNDO EN CONTRA...

Si hay algo que comparten tanto quienes, para mejorar, deciden someterse a la operación de *bypass* gástrico, como los que simplemente quieren probar una nueva dieta o cambiar su estilo de vida, es sin duda la frustración que provoca en todos ellos esta pregunta:

¿Por qué casi todo el mundo se pone en contra de quien quiere hacer un cambio radical en su vida? En mi opinión la respuesta está en que, para entendernos, el prójimo debería experimentar la situación que nos hace decidirnos a realizar dicho cambio.

Yo no fui la excepción.

Amanecía ya el 7 de noviembre de 2012 cuando finalmente me pude ir a dormir tras pasar la noche anterior —el 6 de noviembre— cubriendo las elecciones presidenciales y la reelección del presidente Barack Obama desde Arizona.

Era temprano en Phoenix cuando me despertó el teléfono. Desde la Ciudad de México me llamaba mi amiga, la productora teatral Tina Galindo, con una noticia que a todos estremeció, pero que a mí me dejó helada...

—Acaban de encontrar a Silvia muerta en la habitación del

hotel en León, Guanajuato, en donde andaba de gira con la obra teatral...

Hablaba de nuestra amiga en común Silvia Cantarell, una conocida y muy querida publirrelacionista, quien una semana antes había estado en mi casa en Miami junto a su hija Claudia pasando unos días de vacaciones. Yo no podía entender aquello...

—¿Cómo ha sucedido? —le pregunté.

Tina apenas si podía hablar de la tristeza. Ella y Silvia eran como hermanas.

—Aparentemente murió dormida y así la encontraron cuando fueron a abrir su cuarto luego de que ella no apareciera para un compromiso.

Me quedé noqueada.

De Silvia, que era diabética, me preocupaba que comía sin control. A pesar de su enfermedad, era normal verla inyectándose insulina a toda hora para poder seguir comiendo todo lo que se le antojara. Así sucedió la última noche que estuvo en Miami, cuando cenamos lo que más le gustaba... comida cubana. En realidad le gustaba todo. Disfrutaba de la comida sin importar dónde estuviera.

"Ay amiga, de algo tiene que morirse una, así que si vengo poco a Miami, es porque entonces tengo que 'entrarle' a las papas rellenas, unas cuantas croquetas cubanas, arroz blanco, masitas de puerco, frijoles negros y plátanos maduros", la recuerdo decir.

Conservo la imagen de Silvia disfrutando de aquel enorme plato rebosante de comida que en ese momento le estaba proporcionando tanta felicidad. Conozco bien el sentimiento de satisfacción al saborear algo tan deseado como una comida especial que no se puede tener todos los días.

"¿Que esto me engorda? Sí. ¿Que debo hacer ejercicio? Pues

no. ¿Sabes cómo me duele tener que usar zapatos de tacón bajito y blusones que parecen túnicas por lo holgados para que la gordura se disimule? Duele mucho, pero no hay nada más que hacer". Así se autojustificaba Silvia.

Le pregunté entonces por la cirugía bariátrica que por ese entonces ya traía yo rondando por mi cabeza...

"¡Qué va! Esa no es opción para mí. ¿Imaginas que te corten gran parte del estómago y no poder comer más que un poquito? ¡Eso es peligroso! ¡Antes me muero que hacérmela!".

Al saber de su muerte, de inmediato hablé con su hija Claudia, quien me dio más detalles:

"Aparentemente mi mamá cenó anoche muy fuerte, sabroso, tal como ella acostumbraba, y a continuación se fue a dormir. No hubo más. Lo que agravaba el estado de mi mama fue que en verdad nunca hizo caso a las recomendaciones del médico. Era diabética y eso tiene graves consecuencias, pero ella como que ignoraba lo que podía sucederle", me contó Claudia.

Mi mente voló al momento, meses antes, cuando me dijeron que estaba ya cruzando la línea inminente de la pre-diabetes. Recuerdo haber llamado a Silvia para que me dijera cómo había sido el paso de la salud a su enfermedad...

"¿Qué cómo fue que llegué hasta lo más grave de la diabetes? Ay, mi Collins, fue algo muy natural entre los que nos gusta la comida: empecé a comer por nervios, por tristeza y por alegría. Cada día comía más y más hasta que el médico me dijo que de la pre-diabetes ya había pasado a la diabetes y con ella tenía encima todos los riesgos: la amenaza de llegar a perder la vista, los problemas de cicatrización, de amputación, del cuerpo desbocado engordando más y más, de las piernas y huesos con problemas físicos por el sobrepeso, y de que cada día me era y me sería más difícil caminar".

Recuerdo haberme aterrado al escucharla.

Silvia Cantarell se convirtió a partir de entonces en un eterno referente de lo que me podía suceder a mí en la vida. Poco a poco, después de cumplir los sesenta, cuando por el peso ya no pude usar más tacones, únicamente zapatos tipo ballerina, su imagen se me aparecía reprendiéndome.

Parecía verla diciendo:

"Ay, Collins, ¿hasta cuándo vas a seguir engordando? ¿Qué no te sirvió de nada mi muerte?".

Pero de toda aquella triste historia, lo que más nos dolía a sus amigos era pensar en sus últimos momentos. Silvia muriéndose sola en la habitación de un hotel en mitad de un viaje de negocios, dándose cuenta —o no— de lo que le estaba pasando sin que nadie pudiera auxiliarla. Luego, la pena de sus compañeros al descubrir su cuerpo y el triste traslado hasta la capital mexicana donde fue velada.

Eso me martillaba la cabeza por alguna razón que me era entonces familiar.

"Eso le puede pasar a cualquiera, comenzando por mí", me dije. "Me encuentro exactamente en sus mismos parámetros, con la diferencia de que aún puedo hacer algo para dar marcha atrás a esta Collins que no quiero ser".

Me prometí entonces luchar contra viento y marea para no seguir los pasos de mi amiga aunque, al igual que todos los que saben que tienen que tomar una decisión o dejarse morir, me tomé mi tiempo, y pasarían dos años más antes de que yo tomara cartas en mi asunto…

Lo que nunca me imaginé es que, al dar ese paso, el mundo de mis relaciones personales se pondría literalmente en contra mía, como explicaré a continuación.

Cuando decidí hacerme la cirugía bariátrica, pensé que me

llovería el apoyo emocional. Pero acabó sucediéndome todo lo contrario.

"¿Qué es lo que dices que te vas a hacer?".

"¿Cortarte el estómago?".

"¿Estás loca?".

"¡Esa no es una operación de cirugía plástica!".

"¿Por qué no intentas controlar la comida y veras que tú puedes lograrlo?".

"*¡Hellooo!* ¿Acaso soy boba para no haber intentado todo y fracasar?", les respondía yo...

Si tuviera que contar con los dedos de mis manos a quiénes me apoyaron, me hubieran sobrado por lo menos cinco, porque casi todas las personas cercanas a mí estuvieron en contra de mi decisión, sin importar que, por razones médicas, fuera necesaria para mi salud.

La guerra empezó con el seguro médico. El seguro se negaba a pagar la operación argumentando que yo necesitaba tener cien libras de sobrepeso... ¡y solo pesaba 83 libras de más! Como si 83 libras no fueran un mundo que cargaba con todas las consecuencias negativas para mi salud. La respuesta del seguro fue que, cuando llegara a las cien libras de sobrepeso, la cirugía no me costaría nada...

La cuestión que yo le planteaba al seguro era: ¿entonces necesito engordar, perjudicarme, enfermarme con diecisiete libras más de grasa y de colesterol para que pueda realizarme la operación sin que me cueste un centavo?

La ecuación fue sencilla: no valía la pena aceptar las condiciones del seguro. Decidí pagarla yo, porque mi salud no podía depender de engordar para que no me costara nada.

Y así fue.

El paso siguiente fue lidiar con lo que pensaban las personas cercanas a mi vida. El noventa y cinco por ciento de toda la gente de mi círculo personal y de amistades estaba en contra. Uno de los primeros en expresarme abiertamente su oposición fue un médico de quien yo era entonces paciente.

"Esa cirugía es un fracaso. Los pacientes que se la han hecho, te puedo decir que casi todos, a los dos años no están igual... sino peor que antes. ¿Quieres saber qué pienso? Que no te la debes hacer. Conozco casos que están igual o peor de lo que estaban antes de operarse".

Las cosas se complicaron aún más con aquel médico.

"No creo en esas operaciones que alteran el cuerpo humano y no soy partidario de ellas".

Cuando mi cirujano, el doctor Moisés Jacobs, lo llamó por cortesía profesional para explicarle la intervención que iba a realizar, le repitió lo mismo que me había dicho a mí. No volví a su consulta porque me quedó claro que no volvería a atenderme como paciente.

Me dolió, pero tuve que aceptar que habría personas que no entenderían el cambio de vida que yo iba a emprender y que se alejarían de mí... o bien yo tendría que alejarme de ellas.

Pero hubo otros médicos que fueron un gran apoyo, como el doctor Juan —el doctor Juan Rivera— quien al saberlo me dio la mejor recomendación que yo podía imaginar:

"Vas a comprar salud, MAC, eso es lo más importante. Tu presión arterial va a mejorar, el colesterol no va a requerir de medicamentos, pero eso sí, tienes que entender que será un cambio que requerirá de otro estilo de vida. Sin eso seguirás siendo la misma".

No pudo ser más claro ni yo más honesta en el propósito. Después de la operación no podrían existir nunca más los menús que me engordaron: ni las tres donas diarias, ni las ocho latas de refresco de soda, ni los sándwiches de doce pulgadas, ni el desayuno con tres huevos y tocino crujiente con dos o tres panes tostados con mantequilla...

La llamada de Antonietta al saber mi decisión no se hizo esperar:

"¿Que te vas a recortar el estómago? Mamaaaá, te estás pasando. ¿Cómo es posible que te sometas a una cirugía así? ¡No lo entiendo! ¿Comprendes el enorme riesgo que significa para tu vida?".

Ahí sí que me salió la Collins de adentro:

¡Por supuesto que lo entendía! Riesgo era vivir como lo había estado haciendo, sin control de lo que comía, subiendo y bajando de peso, sin saber cuál era la razón malévola dentro de mi cerebro que me traicionaba.

Antonietta era parte del grupo de amigos y familiares que pensaban lo mismo, preocupados por mi futuro.

"¡Ay, mi madre, lo que vamos a pasar con ella!".

Recordaban cuando hice una de mis múltiples dietas y esta me puso de mal humor por la falta de comida todo el día:

"¿Se imaginan lo que nos espera cuando tenga el estómago tan pequeño como un plátano y no pueda comer casi nada?".

Decidí entonces cerrar la boca y no comentar a nadie ningún detalle más hasta que llegara la fecha.

El consejo final del doctor Juan Rivera fue definitivo:

"MAC, tienes que ir planeando lo que será esa nueva vida en la que el ejercicio será esencial durante todo el cambio. Si no lo haces, si no inicias un nuevo estilo de vida, entonces sí que todos aquellos que te han pronosticado un fracaso tendrán motivo para seguir hablando. Recuerda que nada es coincidencia y que tendrás que aceptar que, como los niños recién nacidos, tendrás un nuevo estómago que tendrás que cuidar".

A partir de ese momento no le di más vueltas al tema ni presté atención a los comentarios en contra de la cirugía y, simplemente, dejé que fueran pasando los días en el calendario hasta que llegara el 27 de enero de 2014.

Hasta dos días antes de esa fecha estuve de viaje cubriendo la legalización de la marihuana en el estado de Colorado. La productora Arianna Requena y el camarógrafo Roberto Olivera fueron testigos de aquellos últimos días en que me despedí de la comida a gusto.

¿Donas? Todas... pero eso sí, de las más sabrosas...

¿Comida? Toda la que cupiera en mi estómago.

¿Porciones? Las más grandes.

La decisión estaba tomada... No iba a seguir posponiéndola hasta que fuera demasiado tarde. Ahora sería la Collins la que estaría a prueba... Me haría la cirugía, no me "echaría atrás" en mis propósitos de tener una mejor calidad de vida y de someterme a la operación. No y no. Lo decidí y no habría marcha atrás; el momento de la gran prueba a mi carácter había llegado y me inventé el decálogo que sirve para todas las cosas, sea dieta o sea cirugía, que aquí les comparto:

LAS DECISIONES CRUCIALES PARA UNA CIRUGÍA BARIÁTRICA (O PARA COMENZAR CUALQUIER DIETA QUE NOS CAMBIE LA VIDA)

1. Una vez tomada la decisión ya no hay vuelta atrás.
2. No presten atención a los comentarios negativos.
3. Sigan SOLO las recomendaciones de los profesionales; nunca de nadie que no sea experto.
4. Que nada los aleje del propósito de mejorar su condición física.
5. Decidan la forma de su nueva vida.
6. Reúnanse solo con gente positiva que entienda el sufrimiento de vivir con problemas físicos por el peso.

7. Diseñen su nuevo "yo", la nueva versión de ustedes mismos: cómo quieren ser, cuánto quieren pesar, qué ropa quieren vestir.
8. Evalúen el riesgo de seguir la vida tal y como la han llevado.
9. Como sucede en las cirugías plásticas, conozcan a su cirujano o cirujana y valoren la empatía que existe entre ustedes. Si no la hay, eso será algo negativo que puede afectarlos después de la operación. Si piensan que es el ser más maravilloso que podrían encontrar, pues entonces es a él o ella a quien tienen que encomendar su nueva vida.
10. NO esperen hasta que sea demasiado tarde.
11. El consejo más valioso: Escuchen a quienes han triunfado con la cirugía porque cambiaron su vida. No escuchen a los que fracasaron porque no hicieron ningún cambio. Más claro: ¡Que les valga lo malo que les digan! Lo único que importa aquí son ustedes y solo ustedes.

LA HORA CERO...

Nunca estuvo mejor aplicado el famoso dicho: "No hay fecha que no se cumpla, ni plazo que no llegue, ni deuda que no se cobre" y la hora cero estaba marcada en mi calendario personal: 27 de enero de 2014.

No recuerdo haber vivido unas cinco y media de la mañana más gozosas que las de aquella madrugada.

El programa de investigación "Aquí y Ahora" que documentó aquella odisea con cientos de reproducciones en YouTube me acompañó desde una semana antes. La productora Wilma Román-Abreu y el camarógrafo Jorge Soliño me fueron siguiendo en otro auto desde el momento en que abrí la puerta de la casa hasta que entré por la puerta del hospital Jackson South de Miami. No recuerdo haber ido con semejante felicidad a una cita médica como la de ese día.

Lo siguiente fue el ajetreo lógico de los preparativos para una cirugía, y el rostro bonachón —siempre indulgente y comprensivo— del doctor Moisés Jacobs, a quien comparo con un ángel para todos los que tenemos la desesperación del sobrepeso y las enfermedades relacionadas con este.

Él es el retrato mismo de la relación que un paciente que va a operarse debería tener con su cirujano y que implica tener en él una confianza ciega ya que, a fin de cuentas, solo tenemos un estómago y lo ponemos en sus manos.

Lo que siguió después fue la preparación para la anestesia con esas sustancias que lo mandan a uno a un maravilloso limbo del que yo sabía que iba a despertar con "mi nuevo yo". Pero debido al inicio de los efectos de la anestesia no supe lo que yo había hecho en esos momentos hasta que, semanas después, Wilma Román-Abreu me preguntó algo al tiempo que me mostraba un video que me dejó boquiabierta.

—¿Recuerdas qué hiciste en camino a la sala de operaciones, cuando te llevaban en la camilla?

De inmediato le dije que no recordaba absolutamente nada por el efecto de la pre-anestesia.

Me mostró entonces un video que me dejó boquiabierta. Ahí se me ve ya toda "groggy", pero diciéndole al camillero y a la enfermera que iban a mi lado lo feliz que estaba por la operación... ¡pero a voz en grito por los pasillos del hospital de camino a la cirugía!

—Estoy feliz porque a partir de hoy habrá una persona obesa menos en el mundo. Ya no voy a tener la presión alta, no más colesterol alto, no más apnea del sueño, no más sobrepeso... ¡Yujuuui!

Mi voz era la de una borrachita arrastrando las palabras, pero la realidad era que mi alma feliz trataba de sacar afuera aquella sensación de tranquilidad por una decisión más que necesaria para mi vida...

Así fue que entré al quirófano.

Fue una operación sencilla que transcurrió sin contratiempos, con la seguridad que daba haber puesto mi vida en las manos de un médico extraordinario, con la invaluable experiencia de hacer estas operaciones varias veces al día desde hacía años y, más aún... de ser un gran ser humano. Lo siguiente fue despertar de la cirugía con el doctor Jacobs a mi lado...

Recuerdo textualmente sus palabras:

—Jamás hubieras triunfado con una dieta, sin importar cuál fuera. Jamás. Me admiraron dos cosas de tu estómago: era demasiado grande para tu tamaño. Tenía una capacidad de dos litros y medio, más o menos, es decir, como una botella grande de soda, y era muy grueso, muy muy grueso, tanto que tuvimos que hacer más grande la incisión para poder sacarlo.

Yo lo escuchaba extasiada mientras él seguía dándome explicaciones:

—¿Cómo tener éxito con una dieta si de cualquier forma tenías que llenar con comida todo aquel inmenso estómago? Las dietas fallan porque no toman en cuenta factores como el tamaño del estómago. Tu nuevo estómago tiene por lo menos un ochenta por ciento menos de capacidad. Así que, si en algún momento te quedaba alguna duda sobre si estabas haciendo lo correcto, la respuesta es sí. Hiciste lo correcto. Te felicito porque ahora sí que tienes las herramientas para tu nueva vida. Yo solo fui el instrumento, pero ahora de ti depende lo que harás con tu nuevo estómago.

¿Nueva vida? ¡Eso es algo que no se puede dejar para mañana!

Salí de la cirugía alrededor de la una de la tarde. A las cinco ya andaba dando vueltas por los pasillos de la planta donde estaba. No podía dejarme vencer. Tenía que caminar de inmediato para descartar el peligro de los coágulos. Así que en intervalos de una o dos horas, me paraba de la cama y a caminar, lo cual ayuda a que los músculos eliminen el gas que se inyecta para toda cirugía bariátrica, ya que el cuerpo tiene que inflarse para poder abrir el espacio suficiente para la cirugía.

Caminar es la clave.

Me imaginaba que a partir de ahí todo sería nuevo y debía comenzar con los primeros pasos. La primeras preguntas fueron: "¿Duele?". Sorprendentemente, para ser una operación de esa dimensión, no duele como uno pudiera imaginarse, pero había que iniciar los cambios de inmediato. ¿Y qué podía hacer una persona que en vez de tomar agua —como era mi caso— se bebía al menos seis latas diarias de soda? Pues seguir las instrucciones del médico... ¡No más sodas, ni bebidas gaseosas, ni cerveza, ni sidra, ni champagne; ni siquiera una medicina carbonatada!

La mejor instrucción que se recibe... es seguir las instrucciones.

Un par de horas después de la cirugía me enfrenté al segundo reto: tomar agua. ¿En verdad hay que hacerlo tan pronto? El doctor Jacobs me advirtió:

—Tienes que terminarte esta botellita de ocho onzas, pero sorbito a sorbito. No intentes bebértela de un trago porque simplemente no vas a poder ya que tu estómago no tiene capacidad, y porque en estos momentos tu cuerpo está aceptando una realidad: ya no tiene espacio y además está sanando de la cirugía.

Uno de los peligros después de la operación es deshidratarse, así que hay que comenzar a tomar agua de inmediato, pero con mucho cuidado porque el estómago ha sido engrapado quirúrgicamente para cerrarlo.

Recuerdo hasta el día de hoy la extrañísima sensación de ir pasando, casi gota a gota, un minúsculo sorbo que al caer en el estómago me hacía sentir llena. Me dije entonces: "Si el asunto ahora consiste en tomar agua a sorbitos y pararme a caminar... ¡pues a darle!".

Pero hay otra situación a la que hay que prestar atención. No es grave, pero hay que estar alerta por si ocurre: es un problema de dolores que se presentan y que responden a piedras o cálculos en la vesícula biliar, y que está asociado a esta cirugía luego de un tiempo de realizarla.

—La vesícula es un órgano que esta aliado a esta operación y hay que tenerla en cuenta desde antes de la cirugía —me explicó Sabrina Hernández-Cano.

La nutricionista Sabrina Hernández-Cano —con quien el doctor Jacobs y varios cirujanos bariátricos trabajan— ha visto decenas de veces la misma situación de problemas vesiculares en pacientes en las semanas después del post-operatorio.

—Durante años, la vesícula ha procesado la grasa de los alimentos, pero después de la cirugía sigue procesando otro tipo de grasa: la que el cuerpo va eliminando. ¿Qué sucede entonces? Si sobreviene un ataque de vesícula, el paciente va a sentir náuseas y un dolor que recorre desde el frente, a la altura del vientre, hacia la parte de atrás, a la misma altura pero en la espalda. Puede haber fiebre. Lo más importante es llamar al cirujano para que él o ella decida los pasos a seguir. Generalmente, todo termina con una cirugía laparoscópica que quita la vesícula y el problema se soluciona en un par de días, pero siempre con la vigilancia médica.

La experiencia del doctor Jacobs es fundamental y explica esos dolores y la formación de piedras o cálculos biliares.

"Los estudios nos han demostrado que los cálculos en la vesicula biliar en un número de pacientes es algo que sucede especialmente luego de una pérdida de peso rápida después de cirugías bariátricas como la "manga gástrica" y otros procedimientos. De acuerdo a varios estudios, hay un porcentaje de pacientes, entre el 35 y el 50 por ciento, que pueden presentar los síntomas de formación de piedras biliares durante los primeros dieciocho meses después de la cirugía, aunque son menos del 25 por ciento los que tienen esa condición de piedras o cálculos en la vesícula".

Yo tuve la inmensa suerte de no padecerlos en ese momento gracias a la cirugía, años antes, que me permitió en la década de los noventa conocer al doctor Jacobs (cuando me quitó precisamente la vesícula). Si alguien me hubiera dicho entonces que ese maravilloso médico con aquella cirugía me evitaría veinte años después los dolores por piedras en la vesícula luego de operarme nuevamente para reducirme el estómago y dejármelo como una manga de camisa, jamás lo hubiera creído. Pero soy una convencida de que las cosas suceden, mejor dicho, me suceden, siempre para bien y así fue en este caso.

CONSEJOS PARA DESPUÉS DE LA OPERACIÓN

Al día siguiente de la operación me dieron de alta. Entonces comenzó el gran inconveniente de muchas personas que se operan: la falta de instrucciones detalladas, ojo, no del médico, sino de muchos encargados de la nutrición en hospitales a partir "del día después".

Es algo que me comentan decenas de pacientes de la "manga gástrica": que verdaderamente no hay mucha explicación práctica para enseñar a los pacientes los pasos de su nueva vida.

Así que pasé "en carne viva" lo mismo que sufren muchos. A mí me dieron por cuestión de protocolo unas hojas llenas de instrucciones que, como suele ocurrir, no son fáciles de entender, mucho menos en esos momentos. Aún no conocía ni llegaba por tanto a la consulta de mi "hada madrina", Sabrina Hernández-Cano, quien como todos los expertos en nutrición bariátrica sabe cómo lidiar con las necesidades de pacientes recién operados. Y a ella le confié mi realidad: tenía, sí, las instrucciones en unos papeles, pero no sabía cómo ponerlos en práctica. Sucede que el estómago ha recibido un gran "shock" con la cirugía y cada día, cada paso, significan un aprendizaje sobre la marcha. No hay más, pero hay que entenderlo a fondo.

Yo tuve que darme cuenta de que el procedimiento en el hospital es una cosa, y que eso incluye el mencionado "papel de las instrucciones", pero lo que se vive después de una cirugía es otra cosa.

Esa es la primera realidad a la que se enfrenta un paciente después de la cirugía. Sí, son hojas escritas con instrucciones, repito, pero una necesita otro tipo de apoyo en esos momentos. Así que tuve que buscármelo por mí misma.

¿Qué cosa haría de manera diferente hoy en esas primeras horas después de la operación?

¡Pensaría de inmediato, e incluso antes de la operación, en contratar los servicios privados de un experto en nutrición! A ver, vamos pensándolo mejor. Muchos me dicen: "Es que he hecho un gran sacrificio para pagar la cirugía y no tengo dinero para pagar un o una nutricionista".

Mi respuesta entonces es clara: Si nos hemos hecho la "manga gástrica" o cualquiera de los otros procedimientos, eso significa que hemos hecho una de las inversiones más importantes para poder tener una vida sana... Entonces, ¿por qué no pensar en un experto que nos guíe en ese tiempo fundamental para aprender a vivir con nuevos hábitos y que, de paso, nos explique los malestares que se sienten y las dudas sobre los alimentos que hay que ir aumentando en nuestra vida diaria?

Así de sencillo y claro.

También en mi caso, y repito "en mi caso", yo pude haber decidido quedarme un día más, pero como me sentía una *Superwoman*, decidí dejar el hospital al día siguiente.

Pagué con dolor el no haber escuchado a quienes me recomendaron quedarme un día más, lo cual habría significado que alguien me acompañara en aquellas primeras horas, en aquellos primeros días, cuando precisamente eso era lo que no tenía en casa: alguien que me acompañara y me ayudara.

Como no quise que nadie viajara ex profeso a cuidarme, tuve que capear el temporal solita y subestimé la situación guiándome por lo que había vivido las primeras horas en las que me sentía muy bien, sin dolor, hasta el punto de rechazar el analgésico que me estaban ofreciendo: "No, yo puedo con este dolor. No voy a tomar nada más".

Ja, ja y ja.

Cuando llegó el momento en que, por pura lógica, empezó el dolor, me encontraba sola y ni siquiera tenía el analgésico específico que me había recetado el médico.

Por esa razón pagué caro el no haber sido prevenida y tener a mano todo lo que me hiciera falta en esos momentos. Pagué caro haberme creído invencible.

Entonces, ¿qué hacer cuándo uno ya está de regreso en la casa?

"Ahh, ahí está el detalle", como diría Cantinflas, el inmortal cómico mexicano.

De todas las instrucciones que recibe uno antes de la cirugía, hay que prestar especial atención a las cuestiones de logística para cuando regresas a casa.

- Tener la lista de jugos y agua para esos primeros días.
- Entender que el estómago ya no tiene capacidad para recibir litros y litros de líquidos, como antes, pero que hay que hidratarse continuamente.
- Pararse cada media hora a caminar. Yo comencé a salir a la calle y a caminar la mitad de mi cuadra. Tres, cuatro veces al día. ¿Quieren saber cuándo comencé? Justo al día siguiente de salir del hospital. Es decir, apenas regresé a mi casa. No estaba dejando nada "para luego", sino metiéndole mano al proyecto

más grande de mi vida adulta. ¿Que si fue fácil? ¡Noooooo! Pero era la parte primodial de mi propósito de cambiar de vida. Así que adolorida, pero feliz, y apegada a mi nueva vida ahí fue esa Collins dispuesta a todo. La lección que puse en práctica fue no dejar las caminatas "para después" ni "para mañana"... sino para ese mismo momento.

Así pasaron el primer día... y el segundo... y el tercero... De pronto me di cuenta de algo: tomaba jugos claros, pero no más de dos onzas. Tomaba sorbos de agua, pero no me terminaba una botella de ocho onzas. ¡Y no tenía la menor sensación de hambre! ¡Me sentía llena!

Si algo me había atormentado al leer las instrucciones postoperatorias era ver que, por lo menos durante un mes, no podría comer alimentos más o menos sólidos... "¿Cómo voy a controlar el hambre?", me preguntaba. "¿Qué haré cuando me ataquen las ganas de comer?".

En una persona adicta a la comida como yo, ¿duraría esa sensación de no querer comer para siempre?

Pero esa era ahora mi realidad: ¡Estaba viviendo el primer milagro!

PARA RECORDAR

- No se crean *Superman* ni *Superwoman*.
- Busquen ayuda o compañía en casa para esas primeras 48 horas.
- Tengan a mano los analgésicos que el doctor les recete.
- Tengan a mano los líquidos que vayan a tomar.
- Antes de la operación, preparen la lista de cosas que deben tener en casa al regreso del hospital.
- El agua es súper importante. Tomen pequeños sorbos de agua o de otros líquidos.

- Lo que he hecho y he cumplido siete años después: nada de sodas, bebidas carbonatadas, sidra, champagne, ni siquiera medicinas efervescentes. Nada que agrande mi nuevo estómago.
- No intenten pasar un trago grande. El estómago operado ya no tiene capacidad para las ocho onzas que antes podían beber de un trago.
- El riesgo de no tomar agua es que aparezcan mareos, debilidad, deshidratación y constipación.
- No olvides que el cuerpo está sanando a gran velocidad y que el estómago está engrapado.
- Sigan las instrucciones para que ninguna grapa con las que cerraron el estómago se mueva provocando un derrame interno que podría ser muy peligroso. Si siguen las instrucciones, la sutura cerrará sana y completamente en cuestión de semanas.
- Observen y tengan en cuenta que si surge un dolor podría ser asunto de la vesícula biliar. Si sienten que el dolor recorre del fronte del cuerpo a la altura del vientre y va hacia atrás, de inmediato llamen a su cirujano o cirujana porque podría ser algo que se resuelve pronto, pero que él o ella necesita determinar.
- Y finalmente.... caminen. Despacio, o como puedan, pero caminen. Ese ejercicio va a ser fundamental para su vida futura y deben empezar inmediatamente después de salir de la sala de operaciones. Previene los coágulos.

LOS MILAGROS COMIENZAN A OCURRIR

Si hay algo que me da rabia es escuchar que la gente me dé opiniones no solicitadas, y eso es lo que más me sucedía en esos momentos:

"¿Que te operaste el estómago? ¿No te dio miedo? Imagina todo lo malo que te puede suceder, eso es muuuuy peligroso".

Luego de la cirugía bariátrica de la "manga gástrica" a la que me sometí, me quedó clara una cosa: si yo seguía las instrucciones, los milagros comenzarían a llegar, lo que sucede es que uno no sabe cuándo.

En mi caso, llegaron tan pronto como al segundo día.

Yo tomaba un montón de medicinas que me indicaban algo: que me estaba convirtiendo en una mujer mayor plagada de problemas médicos. Tomaba dos pastillas, una por la mañana y otra por la noche, para la presión arterial alta. También tomaba una para el colesterol y estaba a punto de comenzar a tomar un medicamento para la diabetes, ya que estaba justo al borde de convertirme oficialmente en diabética.

También usaba una máquina para la apnea del sueño. Tenía dolores en las articulaciones de las piernas, para los cuales también tomaba medicinas. Ya no podía usar tacones, únicamente zapatos bajos.

En fin, yo estaba ya en lo que llamo la edad "de la manga larga, el barandal y la pastilla para la presión". (Y se los repito varias veces a lo largo de este libro porque quiero que siempre lo tengan en cuenta, por si creen que solo a ustedes les sucede).

¿A qué me refiero con eso? Pues a que me ponía ropa de "manga larga" para que no se me vieran los músculos flácidos; a que ni bien entraba en un sitio buscaba "el barandal" para poder asirme ahí y ayudarme a caminar; y "la pastilla para la presión" ya se había convertido en una plática habitual en mi vida y hasta la comentaba con quienes la tomaban para discutir los efectos secundarios y preguntar por la mejor.

"¡Válgame Dios!", me dije el día en que tuve conciencia de que estaba envejeciendo, y fue muy feo. No era solo el sobrepeso de 83 libras, sino todo lo demás que provocaba en mi vida. Y así fue como entré en el Hospital Jackson South aquel enero de 2014, cargando mi pastillero repleto de todas esas medicaciones.

¿Qué sucedió al día siguiente de mi operación?

Pues que de repente comencé a sentir que me mareaba apenas intentaba pararme de la cama. Las enfermeras, que son expertas en el tema, de inmediato encontraron la razón: ¡Mi presión arterial había descendido tanto con la cirugía que la pastilla me la bajaba aún más! La respuesta del doctor Jacobs, en mi caso, no se hizo esperar: ¡rebajar la dosis a solo una pastilla diaria!

Yo estaba eufórica.

Tres días después de la cirugía se repitió el mismo episodio y la recomendación final fue retirar todas las pastillas para la presión arterial ya que, a partir de ese momento, como dice mi médico de cabecera, el doctor Franklin Pimentel, siete años después, ¡sigo teniendo la presión arterial de una joven de veinte años de edad!

Volviendo a aquellos primeros días, ya no necesitaba más las pastillas para la presión. Un mes después, también dejé de tomar las píldoras para el colesterol al cual tanto le temo. Y tampoco tenía ya los problemas de acidez que me asediaron durante años, ya que el doctor Jacobs había arreglado una hernia que estaba escondida y que provocaba problemas gástricos.

Mi hija Antonietta, que llegó semanas después desde Connecticut, enseguida notó algo más: yo ya no usaba la máquina para la apnea del sueño. ¡Y tampoco roncaba ya como una vaca a campo abierto!

Pero hubo más: conforme pasaban las semanas y el ejercicio era más constante, la pérdida de peso se hacía evidente. La primera cifra que pude ver en la báscula mostraba una pérdida de peso increíble: ¡treinta libras el primer mes! Fue entonces cuando comencé a usar ropa ligera sin que me importara si tenía los músculos fláccidos o no. El caso es que tampoco usaba calmantes para los dolores musculares que se habían ido con el sobrepeso. Los zapatos de tacón volvieron a mi vida... ¡Podía ponérmelos sin que el dolor me impidiera caminar!

Ya no era parte de la cofradía que yo misma bauticé como la "de la manga larga, el tacón bajo, el barandal y la pastilla para la presión arterial". Esa organización imaginaria acababa de perder a uno de sus miembros más distinguidos. Mi vida, a efectos de mi salud, había cambiado radicalmente.

Estos fueron milagros instantáneos que comenzaron a llegarme. Es un regalo de la vida no tener que tomar todas esas medicinas diariamente. Por eso, cuando ahora voy a mis chequeos médicos anuales y me preguntan las medicinas que tomo, oronda y orgullosa digo: ¿Medicinas? ¡Ninguna! Solo vitaminas desde enero del año 2014. Díganme si eso no es un milagro.

Por eso es que, regresando al principio del capítulo, cuando les contaba sobre la gente que me preguntaba si no le tenía miedo a la cirugía, y tras experimentar los cambios que trajo a mi vida, mi respuesta a todos ellos solo puede ser una: ¿Miedo? ¡Sí! ¡A no haber tomado la decisión mucho antes y haber seguido viviendo como entonces, llena de achaques y medicinas!

¿Qué tal?

DE VUELTA AL MUNDO REAL...

La cirugía me sacó de mi rutina. Por primera vez en muchos años —incluidas las vacaciones— me tomé tres semanas para operarme y recuperarme. (La realidad es que pude haber regresado al trabajo a las dos semanas, pero por consejo médico fueron tres). Cada quien puede hacerlo a su propio ritmo. Hay pacientes que se han tomado solo cuatro o cinco días, pero ese no fue mi caso, porque decidí hacer un alto en el camino. Me debían muchos días compensatorios y de enfermedad, y entonces me los tomé.

Conforme iban pasando los días e iba ganando fuerza, me atacaban los mismos pensamientos de quienes se hacen esta cirugía:

- ¿Qué voy a hacer cuando regrese a mi ambiente real?
- ¿Cómo voy a lidiar con las tentaciones de comida que abundan donde trabajo?
- ¿Cómo voy a poder funcionar como lo he hecho en la casa?
- ¿Cómo sobreviviré en el mundo real donde la comida es una constante tentación?
- ¿Qué hacer con quienes no solo te tientan con la comida, sino que hasta insisten en que uno coma lo que no debe?

Sucedía que el cerebro había borrado algo extremadamente importante: no había caído en cuenta de que había pasado la primera prueba con éxito... ¿Cuál fue esa prueba? Pues una de las más grandes.

Mi cirugía fue a finales de enero... Y ¿qué ocurre en enero? ¿Cuál es el evento más publicitado en los Estados Unidos? ¡El Superbowl!

Ese año era la edición número 48 entre los Seahawks de Seattle y los Broncos de Denver. ¡Ay, Dios mío! Aquel partido me sorprendió a una semana de operada, en la etapa de los "caldos oscuros". El menú consistía en caldo de res, pollo, pescado o vegetales colados, yogur griego, gelatina de dieta, mi café por la mañana con un poco de leche y agua, mucha agua.

Demás está decir que era una tortura ver aquellos comerciales de comida cada tres o cuatro minutos, tan bien hechos, con toda clase de platillos presentados más que apetitosamente: inmensos sándwiches, humeantes sopas y carnes a la parrilla, *hot dogs*, hamburguesas, papas fritas, papas al horno, nachos... Y todo rociado con la cerveza espumante que rebosaba de los helados vasos en que el comercial los mostraba. Todo era una tentación infernal del mundo real.

Recuerdo haber apagado un par de veces la televisión al tiempo que me repetía mi mantra...

"No pasa nada, eso es solo una ilusión. No necesito esa comida porque yo estoy en otra etapa de mi vida... No tengo hambre; solo tengo sed".

¡De más está decir que sobreviví!

"Tú tenías una opción —recuerdo oír decir a Sabrina Hernández-Cano— o ver anuncio tras anuncio de gordura, la mentalidad gorda, o ponerte a ver personas corriendo maratones, subiendo montañas, atletas, comiendo saludable, sintiéndose bien, que te sacaran de la conmiseración de decirte: 'Ay, pobrecita de mí. Me operé y ya no puedo comer toda aquella comida que me iba a matar... '".

Afortunadamente pasé la prueba. Ignoré la comida. Y disfruté del partido. Eso sí, cerrando los ojos y cambiando de canal si el comercial era de comidas.

Sabrina tenía razón. Ver toda esa comida sabrosa amontonada ante mis ojos equivalía a un abuso como el de un novio golpeador. Sí, el que le pega a la novia... Aquí quien pegaba no hacía daño aparente porque era solo comida.

Pero el cerebro había olvidado todo eso y, semanas después, llegó la hora del regreso a la oficina, algo que ocupaba mis pensamientos veinticuatro horas al día. Eso me angustiaba sobremanera, al grado de que se convirtió en una pesadilla. Entonces fue cuando comencé a experimentar exactamente eso: pesadillas.

Me veía nuevamente en la talla 18 y la gente a mi alrededor murmuraba: "¡Ay, la pobre! ¿Ya la vieron? Bajó de peso con la cirugía, pero véanla, otra vez está igual...".

Aún hoy, en este 2021, me sigue sucediendo muchísimas noches que me despierto bañada en lágrimas pensando que todo lo que he ganado lo he perdido porque volví a comer igual o peor aún, que he vuelto a ganar las 83 libras de peso y que estoy exactamente igual que en enero de 2014...

Para mi fortuna, pronto me doy cuenta de que es solo una pesadilla, que no es real; que he logrado mi objetivo, que lo he mantenido, y que sigo pesando 115 libras. Uffffff, respiro con tranquilidad antes de volverme a dormir.

¿Estaba yo mal? Ahí estaba nuevamente Sabrina Hernández-Cano mi nutricionista, apoyándome siempre:

"Es perfectamente normal tener ese miedo. Lo que hay que hacer con él es transformarlo en una guía para no caer en lo anterior. No te va a pasar lo que temes porque estás construyendo las bases correctas para tu futuro. Entonces, la clave es estar preparada. Aprenderás a llevarte tu comida de estas primeras semanas a donde vayas, porque no la vas a encontrar en cualquier sitio. Así, antes de que el hambre ataque y te haga cometer locuras, tú serás quien le diga a tu cerebro y a tu estómago: 'Aquí está lo que vamos a comer ahora'. Y verás que pronto eso se convierte en una costumbre y será parte de tu rutina".

Y así fue. El día del regreso a la oficina fue la prueba de fuego. Partí de la casa dispuesta a vencer al mundo, no a que el mundo me venciera a mí. Llevaba mi lonchera con las pequeñas porciones que ya eran mi rutina: humus de garbanzo, un poquito de yogur griego, un poco de caldo con verduras molidas. En fin, ninguna comida sólida porque estaba en la etapa de líquidos claros, líquidos espesos y después purés.

Días más tarde, no me daba vergüenza llegar a un restaurante para acompañar a alguien a la hora del almuerzo o de la cena y sacar mis diminutos platitos para comer lo que yo debía.

Como mi cirugía fue publicada y divulgada por todas partes, la mayoría de la gente a mi alrededor lo sabía, de manera que no tuve que dar muchas explicaciones. Pero si las tienen que dar, adelante, que eso no le hace mal a nadie. Perdí también el miedo a los comentarios. No me importaba que en un restaurante, desde las mesas de al lado de la mía, me miraran como a una marciana recién llegada a la tierra. No me importaba nada.

Y a continuación venía la incógnita de las "otras cosas". ¿Qué iba a tomar en lugar de las seis, ocho sodas acostumbradas? ¡Pues lo mismo que tomé mientras estuve en la casa, aislada de lo que tanto daño me hizo! ¡Agua, mucha agua, preparada con frutas frescas como aprendí! Poco a poco me di cuenta de que estaba domando al mayor de los monstruos que temía enfrentar: la adicción a la comida. Y pensé algo que no es del todo descabellado.

Esta cirugía no solo modifica el cuerpo... también los pecados capitales, porque borra uno de ellos que es atroz por sus consecuencias: la gula.

Así, armada emocionalmente con mis pensamientos positivos y, materialmente, con mi comida, formulé la premisa más importante para salir al mundo real, algo que me repito a diario: "Hay que salir a vencer al mundo... no a que el mundo nos venza".

¡Sí y más sí!

PARA RECORDAR SIEMPRE

- Hay que prepararse para volver al mundo real; no se permitan ir desprevenidos porque las improvisaciones pueden hacerlos caer en las tentaciones.
- Hay que llevar consigo las pequeñas porciones de los alimentos que se pueden ingerir de acuerdo a la etapa de la post-cirugía en la que se encuentren.
- Evitar ver publicidad, comerciales e imágenes de platillos apetitosos que signifiquen una tentación para el cerebro, que de inmediato nos ordena comer.
- Pierdan la vergüenza de llegar a un restaurante y explicar que han tenido una cirugía y que no pueden comer en ese momento o podrán sentirse mal.
- Recuerden que la gula es un pecado capital, que están librando una lucha contra las tentaciones... y que van a ganar como lo hice yo.

BARBIES A LOS CINCUENTA, SESENTA Y MÁS...

Todos los días cuando salgo de mi oficina en Univision, mis compañeros me escuchan despedirme con la misma frase que les da risa:

"Nos vemos, que esta muñeca se cambia de juguetería".

Los escucho reír con lo que piensan que es una más de mis ocurrencias... pero no hay nada más cercano a mi realidad. Me refiero a la muñeca Barbie, que todos conocemos, que tiene casi la misma edad que yo. Pero me ha inspirado tanto en mi vida diaria para salir adelante, que les tengo que dar mi receta.

Hace tiempo, en medio de mi peor etapa de tristeza y ansiedad, me prometí que mi vida cambiaría y que yo sería física y mentalmente "la Barbie del Medicare"; es decir, una muñecona después del quinto, sexto, séptimo y demás pisos del edificio de la vida.

Pero no me refería a la superficialidad de la belleza, sino a toda la filosofía que nos ayuda a salir del vacío y la depresión por algo que nos haya pasado.

A los cincuenta y cuatro años de edad me había quedado viuda. Fabio Fajardo, mi esposo durante doce años, el hombre al que amaba, murió de un cáncer fulminante cuando nadie pudo haberlo imaginado. Era un hombre que hacía ejercicio, que no tomaba ni fumaba, que no tenía antecedentes de cáncer en su familia... En siete meses y once días se fue de un cáncer de riñón fulminante que se había esparcido por todo su cuerpo.

Yo estaba poco después, y a causa de su petición, sin mi amado trabajo en Univision, y después durante tres años sin empleo fijo. Aquí les explico que durante años Fabio me pidió que dejara mi puesto de presentadora del noticiero Univision Fin de Semana porque trabajaba sábados y domingos, y así habíamos estado exactamente doce años, por lo que no teníamos vida familiar. Por razones económicas, yo era el sostén principal del hogar y aquello era imposible de hacer sin sufrir consecuencias financieras para nuestra vida. Entonces seguí trabajando hasta que nuestros hijos se fueron a la universidad y quedamos él y yo solos en casa. Entonces decidí el cambio laboral que me llevó a salir de Univision e irme tres años a la cadena Telemundo, donde encabezaba el *show* de la mañana "Cada Día con María Antonieta". Lo que nunca me pude imaginar fue que la vida estaba escribiéndome un trágico capítulo con la enfermedad y muerte de mi Fabio Fajardo adorado. Pero que, tres años después, aparecería milagrosamente alquien fundamental en mi vida laboral: el periodista Daniel Coronell quien, a petición de mis antiguos compañeros de trabajo, me llevó de regreso a Univision...

Pero mi cuerpo me había pasado la "factura" hormonal del cambio de los cincuenta a los sesenta, y yo me había convertido en una señora en camino de no tener nada más que hacer que resignarme a verme en el espejo y llorar recordando como fui en el pasado.

Entonces me pregunté: ¿Esa soy yo? ¿Esa es la Collins a quien tanto quiero?

¡Por supuesto que no!

¡Y decidí cumplir la promesa que me hice un día tan negro como el que estaba viviendo entonces!

Fue entonces que recordé mi historia con mi contemporánea, la muñeca Barbie.

A decir verdad, le llevo siete años. Ella nació en 1959 y yo en el 52. Aunque no la conocí sino hasta tiempo después, porque en México no las había, y si las había eran tan caras que en casa no podían comprarme una. Al ver una de esas muñecas por primera vez en casa de una amiga, hija de familia rica, me causó tal impresión de belleza y felicidad que dije para mis adentros: "Yo quisiera ser una Barbie alguna vez en la vida...".

Hablo de la muñeca que cumplió el sueño de una madre de familia que se llamaba Ruth Handler, quien junto a su esposo, Elliot, y un socio llamado Harold Matson, comenzaron en un garaje la que sería una de las grandes compañías jugueteras de todos los tiempos: Mattel. Compañía que se daría a conocer por la muñeca que Ruth quería originalmente para su hija Barbie: una que no se pareciera a ninguna de las que ya existían en el mercado.

La tenaz Ruth hizo mil peripecias para sortear todos los obstáculos, lo innombrable. Le cerraban las puertas diciéndole que su idea era algo que nunca sería comercial... pero ella no desistió ante los que rechazaban aquella propuesta. Hasta que finalmente, en la Feria del Juguete de Nueva York en 1959, ellos la presentaron y de pronto se convirtió en el éxito mundial que en más de seis décadas los ha hecho multimillonarios, a ellos y a sus herederos... Y que nos ha hecho a muchas mujeres soñar con ser una de ellas.

Es verdad. No es un chiste. Lo he dicho y es mi mayor orgullo: cuando joven fui muuuy flaca. Era feíta y pobre... una combinación fatal.

¿Qué sucedió después? Que luego de que me dejara alguien de quien estaba yo perdidamente enamorada, al grado de considerarlo entonces "el gran amor de mi vida", precisamente por eso —por ser flaca, sin atributos físicos y para colmo, pobre—, pensé inmediatamente que la solución sería ser en mis años adultos y maduros... "la Barbie del Medicare".

Y ¿por qué? Ahhh, porque la filosofía que inspira esa muchacha de plástico nos sirve a todas las mujeres. Barbie es eternamente joven y bella. El tiempo no le ha hecho absolutamente nada porque ya cumplió sesenta años en 2019 y sigue como el primer día: bella, sonriente, esbelta, con ese cabello del que no pierde un solo pelo, con esos dientes blancos, perfectos; y ni qué decir de su envidiable cuerpo.

En el mundo de la Barbie no hay nada malo. Vaya, yo creo que es el antecedente de las famosas hermanas Kardashian: fue rica y famosa antes que ellas. Barbie no conoce el dolor, el odio, el rencor, tiene toda la ropa del mundo, y de zapatos y bolsos ni hablemos. Es más, va por la vida preparada para todas las situaciones: día de campo, paseo por París, Barbie enfermera, Barbie doctora, Barbie aquí y Barbie allá.

¿La han visto llorar? ¡Jamás!

¡Y encima de todo eso, tiene a su lado el amor de Ken, que se muere por ella y que la acompaña a todos lados!

Dirán ustedes... "Pues, ¿qué habrá tomado la Collins para hacer una comparación como esta que sirva a todas las mujeres?".

Se los cuento fácil y después ustedes lo razonan.

Barbie y Ruth, su creadora, NUNCA aceptaron un "NO" como respuesta, hasta el punto que ser una Barbie después de los cincuenta, sesenta, setenta y más, requiere entender que el "No" no existe en nuestro vocabulario. Es cuestión de actitud mental, como son otras cosas.

Cada día veo más mujeres que se dejan las canas sin pintar y que lucen bellas. Es una decisión muy íntima y personal pero de la cual se puede sacar la siguiente lección:

Uno no se deja vencer porque aparezcan las canas, porque las arrugas sean más visibles, porque la artritis nos vaya deformando las manos y pies, porque las dietas que tratamos en el pasado ya no funcionan en nuestro cuerpo como antes y no dan resultado.

Uno no se deja vencer porque frente al espejo el cuerpo haya cambiado hasta disgustarnos. Tal y como hace la Barbie, me repito: no me importa cómo me vean los demás sino cómo me siento; eso sí, siempre y cuando se haga el esfuerzo de mejorar.

Aquí es donde se debe actuar como la muñeca: ¿La han visto alguna vez triste, enojada o llorando? ¿Verdad que no? La filosofía entonces es sencilla:

¡Prefiero que me tengan envidia… a que me tengan lástima!

¡Pues así debemos ser! ¡Así lo hago yo siempre!

Riendo siempre, aunque lo que nos apetezca sea salir dando gritos por la tristeza.

No importan los años… a Barbie nadie le ha informado que tiene sesenta, y sigue feliz. La verdad es que las mujeres del siglo XXI lucimos diez y hasta quince años más jóvenes porque somos de otra generación.

No nos importa el calendario. Hay que recordar que las muñecas ¡NO TIENEN EDAD!

Está bien. Entiendo lo que muchos piensan…

"Es que ella tiene medios para poder hacerse cirugías y verse mejor".

A todos les respondo lo mismo: con cirugías o sin ellas, la clave radica en que la única decisión que cuenta es decidirse a enfrentar cualquier reto.… Y ponerlo en práctica.

Así que no olviden una de mis frases favoritas: Una Barbie sabe que todo se le ve bien, que todo le sale bien y su filosofía diaria es, entre otras cosas:

"A mí hasta cuando me va mal… me va requetebién".

¡Y que no se diga nada más!

AQUÍ LES DEJO LOS PUNTOS QUE NO OLVIDO A DIARIO... PARA SER UNA "BARBIE"

- Todas las mujeres (y los hombres) podemos ser unas muñecas (o muñecos)... no importa que tengamos cincuenta, sesenta o más.
- Nunca tomen un "no" como respuesta.
- No hay mujeres ni hombres feos, sino miedosos.
- Todo es actitud mental.
- No se lamenten por las arrugas, las canas, la artritis que deforma pies y manos. Ustedes están por encima de como los vean los demás.
- Rían aunque tengan ganas de llorar... sustituyan la tristeza por esperanza.
- Prefieran que los envidien a que les tengan lástima.
- Repítanse que, hasta cuando les va mal... les va requetebién.
- Finalmente recuerden: una muñeca siempre sonríe, está bien arreglada, no se descuida y espera que la vida le sonría a pesar de todo.

TODOS TENEMOS UNA "COLLINS" EN CASA

Y nuevamente me toca a mí, a Antonietta Collins, contarles algo que no saben y que seguramente los va a sorprender porque como bien dice el dicho: "Solo la olla conoce el hervor del caldo".

Lo que van a leer en este capítulo viene a ser para mí una especie de catarsis, sí, una pequeña terapia que espero también a ustedes les sirva, porque se trata de aprender en cabeza ajena.

Y aquí va la primera lección: todos podemos hacer el gran cambio... porque todos, o casi todos, tenemos una Collins como mi madre en casa. Sigan leyendo para entender por qué lo digo.

Al escribir estas líneas vinieron a mi mente tantos recuerdos que parece difícil creerlo, y entre ellos especialmente aquellos pleitos constantes entre madre e hija. Muchas veces, cuando discutía con mi mamá a causa de mi rebeldía de adolescente, yo le reclamaba sus "ausencias" y una aparente falta de atención. La realidad es que, aunque mi madre viajaba constantemente, siempre estuvo presente, me gustara o no.

Eran llamadas telefónicas a cualquier hora, mensajes, órdenes desde aquí o desde allá: "Tienes que hacer eso" o "En la casa debe hacerse esto otro", etc. Desde la Conchinchina seguía dando la pauta a seguir a los habitantes de nuestra casa en el miamense barrio de Westchester...

Pero yo no entendía o no quería entender esos mensajes a larga distancia porque la realidad era que yo la extrañaba y necesitaba que estuviera físicamente conmigo, mucho más de lo que su trabajo le permitía. Recuerdo mis reproches:

"Nunca estás conmigo, mamá".

"Para todo y todos tienes tiempo, menos para mí".

"Vives trabajando por teléfono y no me haces caso".

Muy a su estilo, "la Collins" me contestaba siempre con mi nombre por delante para que supiera que era una respuesta personalizada...

"Antonietta, yo lo que hago es trabajar para darte una vida mejor. Yo no ando de borracha o en drogas o en pachangas. El dinero que gano no me lo gasto en vicios, desmanes o tonterías. ¿Qué harías si en verdad tuvieras problemas económicos con tu mamá?

A toda hora sabes dónde estoy y dónde duermo. Contesto el teléfono 24/7.

Aquí nadie viene y toca la puerta para cobrar algo que se le debe. ¿Sabes por qué? Porque tu madre trabaja y paga todo a tiempo con grandes sacrificios para que a nadie le falte nada en esta casa".

Los años me demostraron que, nuevamente, mi madre tenía razón.

Lo que yo consideraba "abandono" era la forma en que ella me demostraba lo mucho que me quería. Para cualquiera habría sido más fácil conseguirse un trabajo en el que no tuviera que viajar, o trabajar todos los fines de semana como hizo ella durante casi doce años como presentadora del noticiero Univision

Fin de Semana, pero seguramente yo jamás habría tenido las maravillosas oportunidades que gracias a Dios y a su esfuerzo mi madre pudo brindarme.

Tenía razón.

Me gradué de una prestigiosa universidad con un título especializado en periodismo deportivo y viví un año escolar estudiando en Australia. Todo, absolutamente todo, gracias en gran parte a sus inmensos sacrificios.

Nada mal para ser la hija de una inmigrante que sabía perfectamente lo que era ser la cabeza de toda una familia —su familia— bajo cuya sombrilla estaban incluidos sus padres.

Pero, aquí viene la gran lección aprendida. Lo que a veces vemos como problemas, para otros serían nimiedades.

Yo pensaba que mi madre era la madre equivocada y que otros tenían familias idílicas, padres que tenían la razón, y que eran todo lo contrario a mi familia.

Los años pasaron y poco a poco empecé a escuchar lo que menos imaginaba: las quejas de mis amigos, todos aquellos que yo pensaba que vivían dentro de la familia perfecta y que después me contaban historias con auténticas quejas y terribles problemas... ¡Y yo comencé a ser la de la relación buena con su madre!

Amigos cercanos a quienes quiero mucho me confiaban en la etapa adulta lo que vivían en sus casas y que resultaba ser un verdadero calvario con sus padres, nada que ver con lo que yo consideraba "algo difícil" con mi madre. En algunos casos, los padres de mis conocidos entraron al peligroso mundo de las drogas y otros dejaron de tener relación alguna con ellos.

Son hijos que tienen que salir corriendo a la sala de emergencia de un hospital porque el padre o la madre tuvo una sobredosis o que han tenido que sacar a sus padres de una crisis emocional porque viven en una depresión constante. Otros tienen madres que simplemente nunca están cuando ellos las necesitan y que, peor aún, cada vez que pueden los hacen víctimas de sus chantajes.

Afortunadamente ese nunca es, ni ha sido mi caso.

Mi madre jamás se drogó, siempre estuvo pendiente de mí y solo ha tenido dos obsesiones en la vida: su trabajo y bajar de peso. Pero fue precisamente por su fijación con la báscula que "nos la vimos negra" en nuestra relación de madre-hija.

¿Alguien puede imaginarse cuando la ve hoy en Instagram haciendo ejercicio desde la madrugada, que algún tiempo atrás las grandes discusiones con ella tenían un denominador común llamado... el ejercicio?

Apenas me veía con ropa deportiva mi mamá ponía mala cara y empezaban las recriminaciones.

"¿Otra vez vas a correr, Antonietta?".

"Apenas si te veo".

"Nunca tienes tiempo para platicar con tu madre."

Por increíble que parezca, a mi mamá le molestaba verme hacer deportes. Siempre alegaba que ese tiempo que yo dedicaba a cualquier actividad física era tiempo de calidad que le robaba a ella.

Recuerdo todo lo que me tenía que inventar para evitar problemas cuando volvía de la universidad a pasar vacaciones en casa, y se súper enojaba cuando me ponía a hacer ejercicio.

Tenía que hacerlo a escondidas... Literalmente me escapaba cuando ella no estaba, o inventaba que iba a verme con una amiga y salía a ejercitarme. Ella me atacaba diciéndome lo que hoy es inimaginable.

"Eres egoísta porque prefieres cuidar el cuerpo en vez de pasar tiempo con tu madre".

"En vez de tomarnos un café o salir de compras, ahí estás perdiendo una hora yéndote a correr".

Increíble pensar que eso fue cierto, ¿no?

Era muy estresante. Yo no quería que se enojara durante el poco tiempo que podía ir a visitarla, pero tampoco quería dejar de hacer mi rutina o los deportes que me gustaban. Me parecía absurdo —por no decir ridículo— que discutiéramos por eso, especialmente cuando fue ella la que más me apoyó para que yo lograra entrar a la selección nacional mexicana de fútbol femenino.

Fue un gran logro familiar, mi madre se convirtió en mi mejor aliada y movió cielo y tierra para que yo fuera parte de ese equipo. Celebró conmigo las victorias y siempre seguía de cerca y con emoción todos los partidos. Era una verdadera fanática deportiva. Era la típica *soccer mom*.

¿Verdad que esto que les estoy contando no se lo esperaban?

¿Cómo era posible entonces que una madre que fue un pilar en esa etapa de mi vida se molestara porque yo quería seguir con mis entrenamientos deportivos?

Hoy creo tener la respuesta: su disgusto se debía precisamente a que eso que tanto odiaba —el ejercicio— le robaba la atención de su hija. Por si fuera poco, ¡fue ella quien me transmitió la pasión por los deportes!

Mi mamá sabe mucho de fútbol, béisbol, boxeo; siempre estaba al tanto de lo que sucedía en el mundo deportivo, pero ella misma no soportaba la idea de mover un dedo. Creo que, en gran parte, el problema era que sentía que su esfuerzo no le iba a dar los frutos que esperaba y con la rapidez que ella quería.

Eso lo asociaba con el fracaso y a mi mamá la idea de fracasar la aterra. Lo curioso del caso es que, aunque era víctima de la obesidad, no se quedaba en casa a descansar. Al contrario, pese al sobrepeso nunca estuvo dispuesta a quedarse tirada en un sofá viendo la televisión. Por eso, creo que en su afán de trabajar, no nos dimos cuenta de que estaba engordando de forma descontrolada y yo la quise y la acepté como era. Siempre sentí admiración por esa mujer triunfadora y guerrera... aunque el sobrepeso la venciera una y otra vez.

Juro que intenté todo para que cambiara su forma de pensar y, sobre todo, la actitud negativa que tenía hacia el ejercicio. Le regalé ropa deportiva, le di botellas para el agua que fueran bonitas, le compré tenis modernos, pero simplemente se rehusaba a ejercitarse. Yo le pedía que fuéramos a caminar, estaba dispuesta a acompañarla a la hora que ella quisiera o pudiera, pero simplemente decía que no.

"El ejercicio no es algo que esté hecho para mí".

"Me duelen los pies".

"He trabajado mucho... ¿Acaso no te has dado cuenta?".

Y eran excusa, tras excusa, tras excusa.

Llegué a llorar por ella. La veía sufrir por el exceso de peso y yo aparentemente no podía hacer nada más para ayudarla. Aquí está el verdadero motivo por el cual les escribo estas líneas:

TODOS —y lo escribo con mayúscula— TODOS los hijos podemos ayudar a nuestros padres para que se motiven a hacer ejercicio y cambien los malos hábitos, aun en contra de ellos mismos.

Y ¿saben por qué? ¡Porque todos tenemos una Collins en casa!

Yo no soy la única persona con una madre que rehusara la ayuda para cambiar su vida.

Pero hay que tener una resiliencia extraordinaria y hacer "oídos sordos" cuando la invitación a comer sano no funcione. Recuerdo que le encantaban las donas glaseadas y a diario quería ir a comerlas. Lo peor es que cuando yo le decía que no quería comer donas ¡también se enojaba conmigo!

Creo que ella sentía que cuando yo rechazaba las donas, la rechazaba a ella, pues era mi manera de decirle que no estaba de acuerdo con su forma de comer. Aun no he logrado entender cómo mi mamá estableció esa relación tóxica —como ella dice— con la comida.

Yo no podía creer que no lograra bajar de peso cuando todo lo que se proponía en la vida lo hacía. Por eso, cuando me dijo que pensaba operarse pegué el grito en el cielo.

"¡Mamá, por favor! Mira todo lo que has logrado, has ganado Emmys, te han aumentado el sueldo, tus jefes te respetan, tus compañeros te admiran. ¿Cómo es posible que consigas todo lo que quieres y no te pongas a hacer ejercicio y dejes de comer tantas porquerías?".

Los pleitos eran para tomar palco y ponerse a ver la película. En mi mente no cabía la idea de que una mujer tan exitosa profesionalmente no se quisiera a sí misma e hiciera dieta y ejercicio para lograr con su cuerpo lo que hace con todo lo demás: un éxito.

Hoy pienso que yo estaba equivocada y que lo mejor que hizo fue no tomarme en cuenta en el momento de decidir que se iba a hacer la operación. Por supuesto que no me consultó para nada, solo me informó "lo voy a hacer, y ya" y otra vez nos peleamos por eso.

Pero ahora entiendo que yo estaba equivocada porque sé que fué un reto y que sigue siendo un gran reto para ella.

Además, ¿cómo me iba a tomar en cuenta si yo le decía que estaba tomando el camino fácil? La realidad es que no lo fue y no lo es, porque deberá continuar con ese estilo de vida para siempre si quiere mantenerse delgada y sana.

Mi negativa se debía a que yo sabía de otras personas que se habían hecho la misma operación y que sufrían mucho. No solo de vómitos y problemas estomacales, sino de serios cambios emocionales. No quería que mi madre pasara por todo eso. También me daba miedo que algo grave sucediera durante la operación y muriera.

Además, estaba aterrada por los efectos psicológicos a los que iba a enfrentarse porque la mayoría de las personas que se operan empiezan a vivir otra vida, cambian de personalidad, hacen cosas que antes no hacían. Y muchas veces, sin la ayuda de profesionales, eso puede tener un resultado catastrófico. A fin de cuentas, la verdad es que la cirugía hace que tengas otro cuerpo, uno que no conoces, o que has recuperado.

Pero también están las consecuencias agradables...

Vas a volver a sentir ilusiones, ganas de comprarte ropa, deseos de arreglarte, pero a muchos, si bien eso les mejora la autoestima también les trae inseguridades. ¡Qué contradicción! ¿No? Los atacan inseguridades basadas más bien en temores y fantasmas del pasado.

"¿Volveré a engordar? ¿En serio me veo flaca?".

Y yo no quería que mi mamá, que ya había pasado "las de Caín", volviera a sufrir por el peso, aunque fuera por un efecto contrario. Creo que la prefería gordita a imaginar que pudiera pasarle algo peor que los kilos de más.

Durante muchos años vi como el sobrepeso afectaba su autoestima y ella, sin saberlo, afectaba también la mía porque reflejaba sus inseguridades en mí, y la verdad es que yo lo tomé muy a pecho.

Confieso que en algunos momentos me sentí fea y ¡gorda! A pesar de que yo no dejaba de moverme, hacer ejercicio y llevar una vida sana. El mundo me decía que estaba flaca pero creo que dentro de mí tenía miedo de engordar como mi mamá y, al ver su angustia ante el peso, yo también me angustiaba.

Ahora entiendo que yo no soy, ni puedo ser María Antonieta Collins, pero me veo reflejada en ella. Yo trato de no asociarlo, pensar que son dos vidas distintas, de personalidades y maneras de pensar diferentes.

Apenas ahora, mientras escribo esto, mi madre se enterará

de que voy a terapia para superar también mis miedos porque asocio muchas cosas y me afectan emocionalmente. Creo que reconocerlo es maravilloso y, sobre todo, esencial para superar los miedos.

Yo sé que no soy nadie para dar consejos, pero créanme que, como les dije, todos tenemos una Collins en casa. Todos tenemos un abuelo, un padre, una madre "couch potato" (de esos que no quieren moverse) y que quieren o deben cambiar su vida sedentaria.

Ahora entiendo que es importante saber que como hijos muchas veces no podemos ayudarlos solos, que debemos nosotros mismos pedir ayuda, buscar herramientas. Uno cree que está solo con el problema de su padre o su madre y no es así. Siempre hay alguien que nos puede aconsejar sobre cómo lidiar con esos problemas, específicamente cuando se trata de problemas por el exceso de peso.

Los americanos tienen un dicho que dice: "Tú puedes llevar al caballo a tomar agua pero, si no quiere, no la va a tomar". Durante años le rogué que hiciera ejercicio y me ignoraba. Hoy ella sola se levanta, se motiva, está dispuesta a no dejarse vencer. El mérito es solamente suyo. Ella sola lo logró.

La veo tan orgullosa, tan contenta con los videos que hace para ayudar a los demás a que cambien su vida. Los hace porque quiere, porque puede, porque se siente bien. Y eso me hace sentir a mí también muy feliz porque, así como los padres se sienten orgullosos del esfuerzo de sus hijos, yo también lo estoy de mi mamá, de esa mujer que en menos de seis años transformó totalmente su vida.

La veo feliz con todos los logros que implican un gran esfuerzo físico como el Camino de Santiago o el recorrido por Machu Picchu, aventuras que nunca pensé que iba a realizar.

Se siente bonito que ella haya podido aceptarse, verse linda y saludable.

Me siento feliz de que lo haya conseguido casi a los 69 años, que se sienta bella y poderosa a esta edad. Una mujer imparable.

Y les digo... Si yo la tengo... ¿por qué ustedes no la pueden tener también?

PARA RECORDAR

- No importa que sus padres, abuelos o mayores digan: "¡No al ejercicio!". Sigan insistiendo.
- También hay que entender que, como dice el dicho: "puedes llevar el caballo al río, pero no puedes obligarlo a beber"... Aun así, no se den por vencidos.
- Si alguien de su familia decide tomar decisiones cruciales para su salud, apóyenlo... y recuérdenle que todo cambio físico requerirá de un cambio mental y de actitud.
- Si no hay cambio de vida, ningún cambio tendrá efecto a largo plazo. Recuerden que mi madre cambió sus hábitos... Y recuérdenselo también a los suyos; recuérdenles la historia de mi madre, con nombre y apellido. Verla en Instagram o en la televisión seguramente los va a motivar.

1. Enero de 2020: ¡Mi segundo medio maratón en Miami!

2. Que me siga viendo así, como estoy hoy a los 69:
con fuerza de voluntad para el ejercicio y con mucha salud.

3. ¡Toda una señora de la Cofradía del tacón bajo,
el barandal para agarrarse y la pastilla para la presión!

4. Aunque lo parecía... yo no era feliz.

6. De esta MAC estoy orgullosa ahora que estoy a las puertas del "séptimo piso de la vida".

5. Esta es "mi otra yo", la que me despierta en mis pesadillas diciéndome que la transformación fue un sueño… la "otra yo" con la que peleo a diario.

7. En Machu Picchu con mi Antonietta del alma y el corazón…

8. Qué mejor comparación que esta:
la que era... ¡y la que soy!

9. Enero de 2019: ¡El primer
medio maratón de mi vida!

10. En Roma, en julio de 2017, en mi sitio favorito para las fotos.

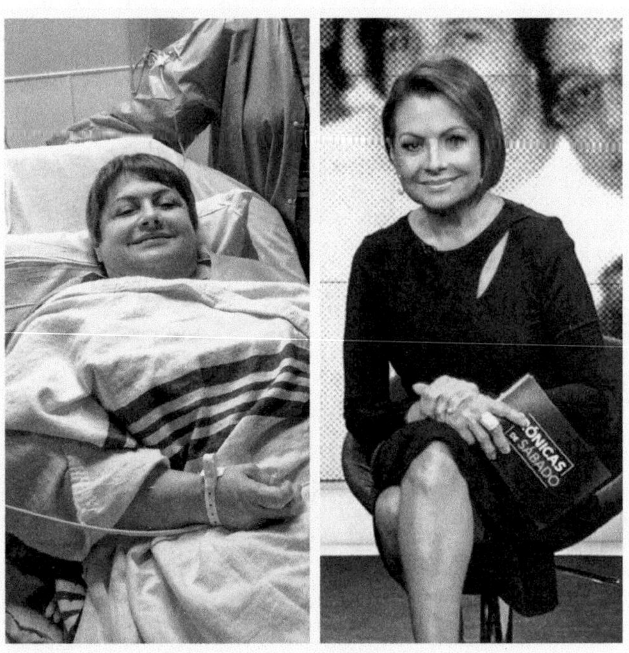

11. El día de la cirugía (izquierda)
y el cuarto aniversario en 2018 (derecha).

12. Sin control, mi cara se iba llenando más y más...

13. Con mi campeona favorita: ¡Antonietta! Maratón de Miami 2020, ¡lo que ella nunca pudo imaginar!

14. ¡La Tropa Loca en pleno! Yvana Jijena, Silvia Salgado y Olivia Liendo.

SEGUNDA PARTE
(LO QUE DEBEN SABER ANTES, DURANTE Y DESPUÉS DE LA CIRUGÍA BARIÁTRICA)

Comencé a pensar en este libro durante el proceso de recuperación de mi cirugía bariátrica de la manga gástrica. Aunque a Raúl Mateu —mi amigo y agente de décadas— le pareció una buena idea al principio, más adelante vino con algo que tenía sentido, pero que en verdad no me convencía…

"MAC, hablar de tu experiencia con la cirugía es buenísimo, pero eso limitaría el libro solo a las personas que han vivido ese proceso, y en realidad lo que tú has hecho ha sido un cambio de vida que puede ayudar a cientos y a miles de personas".

Sí y no.

Raúl tenía razón. De eso se trataba, de ayudar, pero ¿cómo ayudar a todos? Tanto a quienes decidieran pasar por la cirugía como a quienes no.

Entonces decidí que este libro tendría tres partes. La primera que sirviera para todo el mundo que tenga la necesidad de un cambio como el mío; la segunda trataría específicamente de la odisea de la operación bariátrica; y en la tercera reuniría y compartiría las recetas que me han funcionado.

Aquí tienen la segunda parte.

Son decenas las personas que a lo largo de los últimos siete años, desde que me operé, me hacen infinidad de preguntas como estas que aquí he ido respondiendo:

¿Qué me decidió a operarme? ¿Fue vanidad? ¿Qué necesidad había de tomar una decisión tan radical? ¿Cómo comencé a vivir con menos del ochenta por ciento del estómago?

¿Hubo en realidad un cambio de vida? ¿En qué consistió el cambio de vida? ¿En verdad hay que hacer ejercicio? ¿Cómo se comienza a vivir con un estómago nuevo en la edad adulta?

¿Hubo momentos en que me arrepentí? ¿Vale la pena? ¿Es una operación solo para los que tienen dinero? ¿Por qué miles han fallado en el intento? ¿Cuál es la clave?

¡Uff! Son infinidad de preguntas las que me hacen siempre... Las mismas cosas las que preocupan a tantos.

De todo esto que aquí les cuento hay una experiencia que sirve de ayuda tanto para quienes tienen el estómago entero como para los que tienen el estómago reducido. Como todo en la vida, usen lo que les convenga y lo que no, pues nada... déjelo por ahí. Pero aquí está. Hasta hoy esta experiencia era mía, pero a partir de este momento es también de ustedes.

LO QUE SE DEBE Y NO SE DEBE HACER...
(LA BIBLIA PARA UN ESTÓMAGO NUEVO)

Lo que más me repite la gente es que soy el "anuncio ambulante" es decir, como dicen en inglés, "the poster girl" de la cirugía bariátrica porque todo me salió bien luego de siete años. Pero... ¿me salió bien o he hecho las cosas bien? Hay una gran diferencia.

Me da tristeza ver a personas que, después del primer año, es evidente que fallaron. Sus estómagos han vuelto a tener una gran capacidad y por ende engordaron. Eso sucede por una lista interminable de excusas que han puesto, en vez de haberse ajustado a las instrucciones del médico desde el principio.

La primera semana luego de la cirugía es fundamental.

El estómago está cerrando. El cuerpo está luchando con lo que viene y, día a día, el éxito de la operación ya no está en manos del cirujano que la hizo, sino en las del paciente, es decir, de nosotros mismos.

La lista de lo que se debe hacer y lo que no se debe hacer es larga, pero triunfar depende de hacer las cosas al pie de la letra o no... Y desde el principio.

¿Y cuándo comienza ese principio?

¡Tan pronto como al despertar de la anestesia luego de la cirugía!

¿Por qué? Porque en cuanto se sale de la sala de operaciones ya todo está en manos de uno, y hay historias de terror de pacientes temerarios que no entiendo. Una de las primeras instrucciones es NO ingerir ningún alimento sólido las siguientes tres semanas… Por lo menos son dos semanas a base de líquidos, primero claros, luego oscuros, después purés.

Roma no se hizo en un día.

Pero ¿qué sucede con muchos? Que pasados tres o cuatro días de la cirugía el cuerpo se va recuperando y comienzan a sentirse mejor, y hay quienes han cometido locuras que pueden costar muy caro por la temeridad.

Un cirujano bariátrico me contó esta historia:

"Al dar de alta del hospital a un paciente que se había sometido a la 'manga gástrica', le pedí que se ajustara a las instrucciones fundamentales. La primera semana únicamente podría ingerir líquidos claros, la segunda líquidos oscuros, y poco a poco alimentos suaves en forma de puré. Pero, ¿qué hizo esta persona? Desobedecer. En su casa, cinco días después de haber sido operado hubo una comida familiar donde el menú incluía carne de puerco maciza y frita. Ahí lo traicionó su mente. Resulta que el hombre decidió comerse un pequeño pedazo de carne. Pensó equivocadamente: 'Total, ¿qué puede pasarme por un pequeño pedacito?'. Y lo hizo. Se lo comió. Poco después estaba en el servicio de emergencias gravemente enfermo".

¿Por qué en el servicio de emergencias? Simplemente por desobedecer y por no entender que ninguna instrucción es por capricho del médico, sino por una razón determinada. El cirujano siguió narrándome otro ejemplo de terror:

"Tengo un paciente que simplemente después de su cirugía me llegó con el estómago abierto. Una cosa impresionante que jamás había visto. Le habían hecho la operación en su país natal en Sudamérica y no le habían dado instrucciones para después de la cirugía. Lo que le pasó a él no tiene que pasarle a nadie. Uno escucha constantemente decir: 'Lo que le pasó a fulano no me puede pasar a mí'. Creo que la realidad es otra: todo está bien hasta que el paciente decide hacer las cosas de una forma diferente a cómo le indicaron. Él comió recién operado y lo que sucede puede llegar a ser mortal. Es el mismo caso de una jovencita que luego de la operación probó la soda —a ver qué pasaba— y literalmente me dijo que se sintió morir y que más nunca en su vida iba a volver a tomar una soda.

Mi recomendación es: No atentes contra lo que te recomiendo porque la pena puede ser dolorosísima y puede llegar a costarte hasta la misma vida".

Como toda cirugía, esta operación puede tener sus riesgos, pero es una bendición siempre y cuando uno observe las guías generales y tome en cuenta lo que debe hacerse y lo que no.

INMEDIATAMENTE DESPUÉS...

Si hay algo que se tiene que evitar en esos primeros días es que el estómago tenga los movimientos normales del proceso de digestión de los alimentos, es decir contraerse y expandirse, porque entonces —como cosa lógica— se podrían mover las grapas que se encuentran en proceso de curación en la pared estomacal y podría producirse una abertura por donde se filtren los alimentos al interior del cuerpo. Esto es algo que podría tener consecuencias fatales.

Hay algo que cualquier persona decidida a una cirugía bariátrica debe entender: las instrucciones son para seguirlas al pie de la letra y aquí se los repito para que no lo olviden. Mientras menos se mueva el estómago en el proceso de digestión, mejor irán las cosas y más rápido será el proceso de sanación.

LA ETAPA DE LOS CALDOS…

La preparación es la base para triunfar. Yo tenía a la mano botes de caldos claros: caldo de vegetales, caldo de pollo, todos perfectamente colados para que de ninguna manera mi estómago tuviera contracciones al digerirlos. En esta etapa y prácticamente desde el principio, la gelatina de dieta, es decir la *sugar free*, es totalmente permitida. También lo son las paletas heladas *sugar free*. Se convierten en los grandes aliados de este tiempo.

Fundamental.

La historia del que se comió el pedazo de carne de puerco hasta el día de hoy me da escalofríos. ¡Eso no me iba a pasar a mí!

Luego de la primera semana, viene la siguiente con caldos más oscuros: se puede añadir caldo de carne de res —colado siempre—, en mi caso también tomar jugo de tomate, y las instrucciones incluyen yogur del tipo griego. Esto da la sensación de estar "comiendo" un poco más.

LA TERCERA SEMANA

Ya a la tercera semana el panorama se amplía: es el momento de comer alimentos en puré. Aquí entra en juego la imaginación para preparar algo sabroso que nos permita triunfar: vegetales licuados con caldo de res o de pollo, también el humus preparado en casa para que no tenga nada procesado ya que es una gran fuente de proteína por el garbanzo; y los pudines, por supuesto que sean *sugar free*. Lo más importante de esta etapa es que el estómago se vaya acostumbrando paulatinamente a un nuevo proceso de digestión.

En esos momentos el apoyo de los amigos y consejeros es absolutamente necesario. Sabrina Hernández-Cano, mi nutricionista, tuvo una gran idea que me salvó durante semanas de forma más que sabrosa:

"He pensado que el humus te va a nutrir y que si tú, que cocinas tan sabroso, lo preparas, entonces va a ser un éxito. La base es el garbanzo bien molido, hecho puré con un buen aceite de oliva, un diente de ajo y un poco de limón y Tahini, que es la pasta de sésamo típica del Líbano. Un poquito de sal, y a comer sabroso y lo más nutritivo posible".

Me dediqué a esmerarme en preparar un humus que me librara de cualquier ataque de hambre. Otros alimentos que me ayudaron en esa etapa fueron el yogur, la compota de frutas, la sopa de calabaza, la malanga, y los vegetales; pero todo bien cocido, hecho puré.

En este punto fue que caí en cuenta...

¿Hambre? ¿Dónde estaba el hambre? Y la maravillosa respuesta fue: ¡Ya no tenía ataques de hambre!

La cirugía estaba cumpliendo su cometido.

Recuerdo haberme encontrado hablándole a mi estómago constantemente: "Mira estómago, yo te estoy ayudando a sanar; ayúdame tú a seguir pegada a lo que me han ordenado hacer y verás que juntos vamos a triunfar...".

¿Qué pasaba? ¿Estaba loca? ¡Por supuesto que no! A continuación les cuento los recursos que yo utilicé para lograrlo. Y en medio de esta situación, la lista incluía un par de cosas que para muchos son imposibles de cumplir: no comer carne por tres meses... y no beber alcohol por seis meses.

MASTICAR Y TRAGAR JUEGAN UN GRAN PAPEL

Comer despacio, o aprender a comer despacio, es fundamental para todos los obesos que están en esta nueva vida.

"Para que no lleguen trozos de alimentos sólidos al estómago y sobrevenga el malestar, hay que masticarlos despacio hasta que ese alimento se haga puré en la boca y esté listo para que el estómago empiece la digestión. De otra manera, habrá problemas gástricos. En el caso de que haya problemas, las enzimas de papaya, un alimento natural que venden en las tiendas de suplementos, son una buena ayuda...".

LAS VITAMINAS

De entre las cosas más insólitas que la gente me dice sobre la operación, una es: "¡Ay, pobre de usted! ¡Qué peligro que su cuerpo ya no absorba vitaminas por el estómago después de la operación!".

Mi respuesta inmediata es: "¿Peligro? ¿Por qué? Tomar vitaminas de forma oral es parte de la rutina diaria de quienes tenemos esta cirugía que extirpa gran parte del estómago, que es justamente la parte del estómago que almacena los nutrientes. Entonces, ¿qué hay que hacer para mantenerse sano? ¡Pues tomar las vitaminas a diario!".

Ahora ya no hay excusa. La tecnología médica ha avanzado tanto que hoy en día las vitaminas vienen de todas las formas y tomarlas es mucho más fácil. Las hay líquidas, sólidas, en gel, en cápsulas, en *gummies* o gomitas dulces; en fin, aquello de que "no tomo vitaminas" pasó a la historia.

¿Qué hacer para no olvidar tomarlas? Sencillo. Yo las tengo a mano. A la vista. Tenerlas en la cocina es lo que a mí me resulta efectivo. Encuentren un lugar de la casa donde las vean fácilmente y se acuerden de tomarlas en ese instante. Escojan el tipo de vitaminas que mejor les convenga... pero tómenlas a diario que eso los convertirá en personas más saludables.

PROHIBIDA LA CARNE (DURANTE TRES MESES...)

¿Por qué no comer carne durante tres meses? Pues porque el estómago tiene que ir aceptando paulatinamente los alimentos de forma diferente. En condiciones normales, sabemos que la carne es algo más difícil de digerir. Pero, ¿qué sucede con un estómago recién operado? No se le puede dar esa carga ni en la primera, ni en la segunda, ni en la tercera semana. No se puede comer ningún tipo de carne al principio porque es difícil de digerir; solo se puede empezar a introducirla después, siguiendo las instrucciones del médico. Yo recuerdo que fue luego de los tres meses cuando finalmente pude comer un pequeñísimo pedazo de filete y, para mi sorpresa, ¡nada malo me sucedió!

PROHIBIDO EL ALCOHOL

No entendía bien la orden médica de no tomar alcohol hasta que la nutricionista me la explicó. La situación es sencilla de entender: el peligro radica en mutar una adicción por otra.

Recuerdo a la mujer que me contactó en un evento y me confesó a lágrima viva, ahí mismo, que se había convertido en alcohólica a raíz de su cirugía de la manga gástrica:

"Estoy flaca, pero ahora soy alcohólica. Comencé con vinos y cócteles, pero luego cambié a licores fuertes, whisky, coñac, tequila, aguardiente; y ahora estoy engordando porque no estoy haciendo ejercicio y tengo adentro las calorías del alcohol. Lo que vivo es un infierno por una adicción diferente a la que tenía antes, que era comer sin control...".

Sabrina Hernández-Cano siempre advierte de esto a sus pacientes. Me lo dijo desde un principio...

"Todo tiene una causa explicable. Cuando hay obesidad a menudo está relacionada con la adicción a la comida. Después de una cirugía bariátrica ya no hay un gran estómago… pero sigue existiendo una adicción en el cerebro, que sin cuidado médico, puede cambiarse fácilmente de la comida al alcohol o al fuego o a las compras sin control, entre otras. Es por eso que los profesionales de la salud en este ramo observamos cuidadosamente que los pacientes no caigan dentro del número peligroso de adictos a cualquier otra cosa, incluida la adicción al sexo, luego de dejar la adicción a la comida".

Pero es el alcohol el que tiene mayores prohibiciones.

"Sí, porque el alcohol implica muchas situaciones peligrosas. La primera es que es socialmente aceptable y, por lo tanto, tomar no está mal visto. Pero sus efectos sí son peligrosos, especialmente si hablamos de los efectos del alcohol en un estómago pequeño, que debido a su tamaño, eleva el nivel de alcohol permitido en el cuerpo sobre el límite que tendría en un estómago normal, hasta el punto de que puede provocar un delito tan grave como un DUI si se maneja después de tomar".

El tiempo durante el que está prohibido tomar alcohol después de una cirugía de manga gástrica depende del cirujano. En mi caso, el doctor Jacobs recomendó no tomarlo por lo menos durante los primeros seis meses.

El proceso más importante de la pérdida de peso toma de seis meses a un año y es entonces cuando el cuerpo está más sensible a la intoxicación por el alcohol. Cada cuerpo es diferente y por lo tanto reacciona distinto…

"El porcentaje de alcoholismo varía —dice Hernández-Cano—, pero luego de la cirugía, entre un 20 y un 30 por ciento de los pacientes presenta el problema".

Hay que ser consciente de que las instrucciones se dieron, no para ignorarlas y hacer cada quien lo que quiera, sino para obedecerlas y tener éxito. Conservo en el recuerdo las lágrimas de aquella mujer que vive el infierno del alcoholismo y todos los días me recuerdo que hay una espada de Damocles que pende sobre nuestras cabezas.

"Si hay problema de algún tipo relacionado con estas otras adicciones, el paciente no debe tener pena de decírselo a su médico y buscar la ayuda de un psicólogo, siquiatra o de grupos de apoyo que saben cómo lidiar con el problema...", explica Hernández-Cano.

Pero hay otras cosas que no deben hacerse.

La cobertura del Mundial de Fútbol en Brasil en el verano de 2014 me fue asignada en la peor etapa después de la cirugía: tenía seis meses de operada y esta asignación estaba llena de tentaciones. Llegué a Brasil con "mi hermano de la vida", el camarógrafo Jorge Álvarez, quien vivió conmigo aquellos meses fundamentales.

Él es testigo de una de las grandes tentaciones y dígame si no lo son: Brasil, Río de Janeiro, Sao Paulo, las playas brasileras, el calor... y, en medio de eso, cada vez que llegábamos a un restaurante, para donde quiera que volteara uno, se veía la misma imagen: meseros llevando a los clientes copas heladas con cerveza que rebozaba con la espuma aquella que materialmente "hacía agua la boca".

Qué difícil fue resistir y no probar ni siquiera un sorbo de aquello que se me antojaba a morir.

¿Cómo lo hacía? Recordaba lo que tendría prohibido de por vida si quería triunfar.

Aquí les pongo la lista para que tampoco lo hagan y piensen antes de pecar.

- **No beber sodas de ningún tipo, ni de dieta; ni nada que tenga burbujas.**

- No beber cerveza, champagne, sidra, vinos espumosos; nada, absolutamente nada, gaseoso.
- No tomar medicamentos comunes que contengan burbujas para calmar desordenes del estómago. Ni Alka-Seltzer, ni sal de uvas, ni bicarbonatos.
- No beber agua mineral gasificada.

Se trata de no expandir el estómago y las burbujas, los gases, todo lo carbonatado, lo hacen más grande.

El *tip* más importante es para antes de la comida. Hay que evitar tomar agua y comer al mismo tiempo. Si se quiere tomar agua, entonces lo pueden hacer media hora antes o media hora después, no durante la comida.

EL SUEÑO ES TAN IMPORTANTE COMO BAÑARSE

La mayoría de los pacientes llegan a la sala de operaciones con el sueño retrasado. Es decir, les ha hecho falta porque el sueño regula el cerebro, donde se localizan emociones como la ansiedad y la desesperación por comer, además de la adicción a los alimentos.

Hay hormonas como la grelina y la leptina que el cerebro mantiene bajo control durante el día cuando el sueño es adecuado. El descontrol de ambas produce un desastre por el hambre que provocan… Entonces, dormir por lo menos de siete a ocho horas por día es una recomendación médica.

Hay que recordar que esto es un juego de dar y recibir. Yo aprendo en cabeza ajena y quiero mantener en forma mi pequeño estómago. No quiero que pierda su capacidad de procesar de cuatro a seis onzas de comida. Esto permitirá el éxito de mi vida.

PARA RECORDAR DESPUÉS DE LA CIRUGÍA

- Tras la cirugía, el éxito de la operación ya no está en manos del cirujano, sino en las del paciente. Es importante seguir rigurosamente las etapas de los alimentos y no comer carnes rojas, incluida la carne de puerco, hasta que el cirujano lo permita, usualmente de cuatro a seis meses después de la operación. Gran parte de los fracasos de la operación se debe a que los pacientes no siguen las instrucciones del médico.
- La preparación es la base para triunfar.
- Al comienzo, mientras menos se mueva el estómago, más rápido será el proceso de sanación.
- Hay que hidratarse tomando agua a sorbos.
- Las vitaminas deben ser parte de la rutina diaria.
- No beber alcohol por dos situaciones igual de peligrosas: una, pueden desarrollar una nueva y peligrosa adicción al alcohol; y dos, porque tiene calorías escondidas que finalmente los van a hacer engordar.
- NO BEBER ALCOHOL, y lo puse con mayúsculas, hasta que el médico lo autorice.
- Recuerden que uno podría dejar la adicción a la comida y abrazar la del alcohol.
- Dormir de siete a ocho horas al día.

OJOS GRANDES... PLATOS CHICOS

Hay algo que es importante aprender después de la cirugía: la operación se realiza en el estómago… pero no en los ojos ni el cerebro. ¿Por qué digo algo que es aparentemente tan obvio y lógico? Pues porque después de la cirugía… ¡No lo es!

María Martínez-Guzmán, actualmente vicepresidenta de Univision Noticias, era en febrero de 2014 la productora del programa, y tiene una anécdota que retrata perfectamente esta paradoja…

En aquella fecha viajábamos junto al camarógrafo Martín Guzmán a la sierra de Sinaloa luego de la segunda captura de Joaquín "el Chapo" Guzmán. La asignación era complicada porque teníamos que hacer entrevistas viajando por sierras y cañadas donde únicamente hay caminos que solo recorren los animales de carga y las motocicletas cuatrimotor, esos vehículos con ruedas anchísimas que pueden pasar por los lugares más difíciles de transitar.

La asignación me sorprendió a poco más de un mes de haber sido operada y justo cuando tenía días de haber regresado al trabajo. Había terminado la etapa de los alimentos en forma de puré y básicamente lo yogures y el humus me resolvían en el día los problemas para encontrar comida.

¿Cómo seguir la rutina en aquel viaje?

Encontré un pedazo de tortilla de maíz de las que están haciendo a toda hora en los ranchitos entre aquellas montañas y un pedacito de queso fresco que podía martajar. Hasta me ayudaron a hacerlo puré.

Pero, buscar la noticia relacionada con el Chapo Guzmán no era asunto de calma sino más bien todo lo contrario. El nivel de estrés nos acompañaba a todas horas, y eso provocaba hambre. Estábamos en un excelente hotel de Culiacán, a donde regresábamos por seguridad antes de caer la noche, y partíamos por la mañana después de que María y Martín desayunaran el delicioso bufet que ofrece el restaurante del hotel. De más está decir que verlos comer aquellos huevos a la mexicana, frijoles refritos y carne guisada en varias salsas, era una tentación y a la vez una tortura para mí.

¿Qué hacía yo?

Yo solo comía alimentos de la primera mesa de aquel bufet, donde estaban los yogures, jugos y frutas. Acaso una cucharada de frijoles refritos, pero nada más.

Un buen día de aquellas intensas semanas se me ocurrió una idea genial: construir en la mesa una barrera de cosas entre María y Martín y yo, de manera que no se dieran cuenta de lo que yo iba a comer.

Mientras María nos hablaba sobre el plan del día —que siempre era algo que tomaba toda nuestra atención— comencé a poner la jarra del café, un florero que tenía la mesa, los vasos de agua, en fin todo lo que sirviera para esconder lo que me había servido en una tacita de café: un poco de menudo, es decir un guisado mexicano que me encanta. No eran más de tres cucharaditas, eso sí, aderezadas con un poco de limón, cebollita picada y orégano. Las gorditas sabemos comer muy sabroso.

Y mientras los veía y fingía escuchar a María más que atentamente, iba a probar el primer bocadito cuando, de pronto, el grito de ella… me hizo ver que me había descubierto…

—¡MAC! ¿Qué haces? ¡Has construido un muro para que no pueda ver lo que ibas a comer… ¡Si no me doy cuenta! Mira esto que has hecho… una verdadera cerca con todo lo que has amontonado ¡para que no pudiera ver lo que ibas a hacer! —exclamó.

En ese momento me sentí como un ladrón con las manos en la masa. De inmediato me quitó la taza con el menudo.

—MAC, ¡recuerda que no puedes comer nada que pueda dañar tu cirugía!

María dice que mi respuesta le provocó ganas de llorar:

—¿No te has dado cuenta de que en mi mente yo sigo siendo una persona obesa? Sigo siendo una gordita mental porque mis ojos y mi cerebro, que no fueron operados como lo fue el estómago, siguen teniendo tentaciones aunque físicamente no las pueda comer…

Esa es la mayor verdad… y el mayor riesgo.

"El peor error —dice Sabrina Hernández-Cano— no fue construir ese muro… ¡Sino lo que hace la mayoría de los pacientes! No decir que se hicieron la cirugía, algo que en tu caso era difícil de ocultar por la misma publicidad que había alrededor tuyo… Pero la verdad es que los motivos eran más profundos que aquello que intentabas hacer…".

Los ojos envían la señal al cerebro y este no sabe hacer otra cosa más que lo que le ordenan. Y es muy placentero reconocer la comida y con el sentido del olfato percibir los deliciosos olores.

Si bien el estómago no tiene la capacidad en esa primera etapa para aceptar más de dos, tres onzas de comida, eso puede cambiar peligrosamente si no hay un plan para los platos y utensilios con los que se come y bebe.

Nunca estuvo mejor empleada la frase "platos chicos y ojos grandes" para lo que tendría que ser mi nueva vida...

Había que continuar siguiendo las instrucciones al pie de la letra o... ¡adiós al cambio! Las historias de fracaso se amontonan hasta el día de hoy en mi cerebro formando una inmensa pesadilla, especialmente porque varios de quienes me asesoraron y fueron mis modelos... volvieron a comer en las mismas cantidades y engordaron nuevamente...

¿Qué les sucedió?

No solo no siguieron las instrucciones médicas al pie de la letra, sino que hicieron grande el estómago.

He estado al lado de pacientes de la cirugía que comen sin controlar sus porciones. Si se van a operar, o si están pensando en hacerlo, tienen que tener esto en mente: van a ser personas cuyo cuerpo corresponderá a la cantidad que coman.

Tan claro como la suma "dos más dos son cuatro".

RETAR A LAS ESTADÍSTICAS...

Casi el 80 por ciento de los pacientes recuperan hasta el 50 por ciento del peso que tenían porque no son conscientes de las calorías que ingieren. ¿Por qué? Por las porciones.

¿Qué hice yo? Aprender a comer sin pena en pequeñísimos platos en cualquier sitio donde fuera.

Ojos grandes... pero platos chicos.

Eso comenzó justo después de la cirugía y por sugerencia de Sabrina Hernández-Cano. Fui a una tienda donde venden todo para fiestas y ahí compre cubiertos de plástico desechable de los más pequeñitos, casi minúsculos. Cucharas y tenedores para el té.

Con esas cucharas pequeñitas comencé a comer los purés, el yogur y pronto me acostrumbré al tamaño. Nunca más volví a comer con las cucharas soperas tan grandes. Traía el arsenal conmigo.

Lo mismo hice con el tamaño de los platos, tazas, y vasos. Todo era minúsculo. No más de cuatro onzas de capacidad. Esa cantidad fue el máximo que yo decidí tolerar. ¡Ahí comenzó el éxito de no agrandar el estómago sino acostumbrarlo a su nuevo tamaño! Y les repito lo mismo que digo a diario a los meseros apenas me siento en un restaurante:

"Tuve una cirugía y no puedo comer más que lo que quepa en este plato. Por favor ayúdeme".

Maravillosamente he encontrado que la explicación hace que la gente se solidarice y ayude.

La otra cosa importante es saber que "los ojos grandes y platos chicos" tienen una regla más:

¿Qué comer y qué tomar? Y sobre todo... ¿qué va primero?

Aprendí a hacer de lado los panes porque en un pequeñísimo estómago como el que tenemos, las comidas sin nutrientes no deben tener cabida. Sobre todo al principio, los alimentos sólidos lo llenan de inmediato, entonces hay que saber que si se va a comer, hay que comenzar con la proteína que nutre y todo lo demás que vaya al espacio que quede.

"Con un estómago tan pequeño, de unas cuatro onzas de capacidad en promedio después de la cirugía, hay que nutrirse varias veces al día. Por lo tanto, hay que escoger calidad en vez de cantidad para que el cuerpo reciba las vitaminas, minerales, proteínas, antioxidantes, fibra, carbohidratos y grasas saludables que necesita. Sin estas nadie puede vivir. Y si comen pan, papa, arroz, dulces y cosas vacías de nutrientes, solo tienen que esperar las consecuencias nefastas de la mala nutrición, porque de seguro que llegarán", explica Sabrina Hernández-Cano.

Lo pongo más claro:

1. Comenzar con la proteína, ¡no con el pan!
2. Luego la ensalada o vegetales (o combinar ambos con la proteína)
3. De postre, solo una cucharadita.
4. Si hay espacio entonces aquí hay que beber el agua.

En este punto es posible que el estómago envíe una señal de dolor. ¡Atiéndanla por favor! Ese dolor significa que uno ha metido comida de más y que va a expandir esa manga que es ahora el estómago.

Se debe parar de comer de inmediato.

Si se sigue haciendo, se va a dañar la cirugía y el estómago se agrandará cada día más.

No menosprecien el consejo, porque entonces pagarán los daños. Si sobreviene el dolor y de inmediato paran de comer, levántense y salgan a caminar unos pasos. Esto va a ayudar a que el alimento baje del estómago al intestino y el proceso de digerir solucione el problema.

Pero no abusen. Recuerden algo: han pasado mucho para llegar a la cirugía, y la pregunta es la misma:

¿Todo el sufrimiento y los sacrificios para qué? ¿Para echarlo por la borda en un momento por un poco de comida?

La respuesta queda en la conciencia. No dejen que el cerebro y los ojos los traicionen. La premisa es sencilla: ¡Ojos grandes y platos chicos!

PARA RECORDAR

- **Casi el 80 por ciento de los pacientes recuperan un 50 por ciento o más de lo que perdieron por las calorías que comen.**
- **Aprendan a comer donde sea en el plato pequeño. El de la taza de café es suficiente durante el primer año.**

- Hay una credencial que dan todos los cirujanos bariátricos para traer y mostrar en los restaurantes que, en su gran mayoría hacen un descuento en la comida. Especialmente en los bufets, que cobran como si fuera plato de niños.
- Compren en tiendas de artículos para fiestas los cubiertos desechables pequeñitos. Ahí los tienen y son el principal instrumento para poder triunfar en esta etapa.
- Recuerden que el estómago tiene 4 onzas de capacidad en los primeros meses. Coman primero las proteínas, después la ensalada, luego hasta una cucharadita de postre (si quieren algo dulce), y finalmente unos sorbitos de agua (si tienen sed). NUNCA tomen agua antes de la comida porque entonces se llenarán y no se nutrirán. El líquido para después.
- Si les sobreviene el dolor, levántense de la mesa y caminen. Caminen hasta que el alimento baje mecánicamente y pueda digerirse.
- Tengan en cuenta que el dolor es una señal de aviso: dolor significa ¡alto! Ni un gramo más de comida.

LOS *TIPS* QUE SIEMPRE SALVAN

Quienes me conocen saben que cuando vamos a comer a cualquier restaurante tengo rituales que nunca voy a cambiar porque me han servido para seguir en el mega propósito de mi nueva vida…

¡No me importa lo que piensen los demás!

Todo el mundo me ve hacer lo mismo apenas me acercan un platillo que tenga algo de grasa. Ya sean huevos fritos, carne o cualquier otro ingrediente que implique aceite o grasa, siempre pasan el mismo proceso antes de entrar en mi boca. Sin pena alguna pido una o varias servilletas de papel (si son las de la cocina mejor), y absorbo y retiro con ellas el exceso de grasa mientras repito siempre lo mismo: "Mejor que esté en una servilleta que dentro de mi cuerpo".

¿Qué es eso? ¿Malos modales en una mesa? ¡Nooo!

Simplemente es inventar e innovar en contra de lo que es la vida diaria llena de trucos que nos engordan. Pero estos *tips* que ahora les comparto, no son míos, son de Sabrina Hernández-Cano, la nutricionista que me ha enseñado que la vida es un trueque constante…

Aquí los tienen por tema…

FRUTAS, VEGETALES Y OTROS

-**HAY VEGETALES** que se deben consumir más frecuentemente porque tienen cualidades antiinflamatorias y la inflamación es la causa de muchas enfermedades graves. ¿Qué vegetales sirven contra la inflamación? Los pimientos de todos colores, los tomates y los vegetales de hojas verdes y brillantes. (Otros alimentos que ayudan contra la inflamación son el jengibre y la cúrcuma, las nueces, los pescados altos en grasa y los productos lácteos como el yogur griego bajo en grasa).

-LA LICUADORA. No es un adorno en la cocina. Es uno de nuestros grandes aliados; solo hay que aprender a usarla para nuestro beneficio y, mejor aún, a diario. Coloquen en el vaso de mezclar pepino y tomate, pongan yogur griego y sazónenlo con las especias que más les gusten. Este es un aderezo bajo en grasa y calorías ideal para llevar a la oficina y que sirve para comer vegetales como zanahoria y apio para matar el hambre en horas pico.

-EL LIMÓN. Sin lugar a dudas es una maravilla de la naturaleza… ¡Sirve para todo! Y para ayudarnos en esto de la alimentación aún más. Es un gran aliado si hay que sustituir total o parcialmente la sal en la comida. En vez de sal, se pueden usar unas gotas de limón, que de paso alcaliniza los alimentos y sirve como desinflamatorio.

-EL KIWI. Dice Sabrina Hernández-Cano que comer un kiwi por lo menos cada siete días hace que los ojos luzcan frescos y con brillo porque esa fruta tiene más vitamina C que una naranja y más potasio que un plátano. El kiwi cuenta también con una gran cantidad de ácido fólico, vitamina E, luteína y carotenoides. Además, solo tiene 45 calorías y ¡mucha fibra!

-HAY QUE COMER UNA FRUTA O UN VEGETAL QUE SEA NUEVO EN NUESTRA DIETA DIARIA. ¿Un ejemplo? Las alcachofas y los espárragos blancos que son los que menos se consumen por miedo a no saber cómo prepararlos. Ambos son vegetales bajos en calorías que además ayudan a tener un corazón saludable. Yo les pongo a los espárragos y alcachofas un aderezo de yogur como el que doy arriba y el sabor es delicioso.

-PIMIENTOS DE TODOS LOS COLORES. Son ricos en vitamina C y fortalecen el sistema inmunológico contra las enfermedades bacterianas. Los pimientos son deliciosos crudos o cocidos para un "snack" nutritivo y bajo en calorías que además es una buena fuente de fibra.

CONSEJOS PRÁCTICOS

-COMENZAR EL DÍA CON UN BUEN DESAYUNO. Es la gasolina del cuerpo y por tanto le da energía y sobre todo agudeza mental. Ahí empieza la matemática del cuerpo: aumenten las calorías en el desayuno y vayan disminuyéndolas de acuerdo a como pasa el día. Les explico más. ¿Recuerdan el viejo refrán "Desayuna como rey, almuerza como pobre y cena como mendigo"? Eso es exactamente lo que tenemos que hacer, ir bajando las calorías que se pueden asimilar durante el día, especialmente si no se hace ejercicio. Bajar la ingestión calórica reduce el nivel de azúcar que provoca hambre al mediodía y reduce el apetito.

-AHORRAR HACIENDO LA COMPRA DE COMIDA. De acuerdo a la USDA, el Departamento de Agricultura de los Estados Unidos, la entidad encargada de vigilar la producción de los alimentos para su consumo en el país, el plátano, el camote o *sweet potato*, los frijoles y la zanahoria son alimentos súper nutritivos y de los más económicos. Son altos en contenido de fibra y rápidamente provocan en el estómago la sensación de llenura.

-¡EL TAMAÑO SÍ CUENTA! Si hay algo que implementé en mi vida fue medir el tamaño y las porciones que como. Pero, ¿cuántos piensan en el tamaño del plato? Muy pocos. Y déjenme decirles que ese plato grande que llenan de comida les da por lo menos quince libras de más… ¡por año! Cambien varios hábitos como lo hice yo: eliminen la costumbre de servirse el plato lleno y hasta rebosando de comida. Cambien el hábito de comer y repetir porciones; por el contrario, si se acostumbran a que el plato grande sea el de la ensalada, verán que todo jugará a su favor. Rebajar calorías es asunto de matemáticas. Si se ahorran ciento cincuenta calorías por día, verán que lo que rebaja visiblemente es la cintura. Recuerden esta ecuación tan sencilla: 150 calorías menos por día son 1,050 calorías menos por semana y 4,200 menos al mes… En doce meses son 50,400 ¡ahorradas en un año! Así se debe de pensar.

-COMPARTIR. ¡Esto también adelgaza! Si las porciones son el mal de un organismo porque son tan grandes que pueden alimentar a tres personas por plato, aprendan a no comer directamente de donde lo sirven, sino a tomar el plato pequeño y servirse ahí. ¿Qué hacer con lo que no se come, pero que tampoco se tocó? Muy sencillo, se pide un contenedor desechable para llevar y esa comida se regala a cualquier desamparado en la calle. Es comida buena para nosotros y también lo será para ellos. Se siente bien uno al compartir con otros y de paso... comiendo por lo menos la mitad o menos.

-EVITAR LAS CALORÍAS LÍQUIDAS como son las sodas, los jugos, los helados y las bebidas azucaradas y enérgicas. En promedio, todos esos líquidos tienen por lo menos nueve cucharaditas de azúcar blanca o jarabes de maíz ¡por vaso! Lo que de inmediato eleva la insulina. ¿Qué provoca esto? Que se almacenen las calorías en forma de grasa en el abdomen y, de paso, sobre todo en nosotros los hispanos, que aumente el riesgo de diabetes tipo 2.

-LA NATURALEZA nos proveyó con alimentos altos en fibra que funcionan como una escoba que, dentro del torrente sanguíneo, "barre" la grasa de las arterias y del sistema digestivo. ¿Cuáles son esos alimentos? La avena y los granos integrales oscuros, que está probado que pueden reducir el colesterol y sobre todo el riesgo de cáncer de colon.

-DISMINUIR LAS CARNES EN NUESTRA DIETA es beneficioso para todos. Es una forma de ayudar al planeta, y ayuda a reducir toxinas en el cuerpo y a bajar de peso. Una dieta basada en vegetales tiene menos calorías y es más saludable que una dieta alta en alimentos de origen animal.

- LEER LAS ETIQUETAS de los alimentos para saber qué ingredientes contienen, porque muchos son de todo menos saludables, aunque así lo indique el empaque. Por ejemplo, una barra nutritiva es saludable si tiene como ingrediente principal granos y no azúcar o jarabes endulzantes.

-PARA AYUDAR A PERDER PESO la clave es comer alimentos que contengan una gran cantidad de agua, como las sopas, batidos o "smoothies", que no contengan azúcar y que pueden ser de frutas o verduras. Esto ayuda a cortar calorías y da la sensación de llenura en el estómago.

MATAR CALORÍAS

-EL HAMBRE ENTRE COMIDAS se vence engañando al estómago. ¿Cómo? Sencillo. Tomen té verde, que contiene antioxidantes y se ha comprobado su eficacia en ayudar a protegernos de enfermedades como el cáncer. El agua caliente en el estómago en forma de té verde calma el instinto del hambre que, a fin de cuentas, es una reacción, y nos da tiempo de considerar si en realidad queremos comer algo alto en calorías solo por impulso. Ah, y hay algo más: el té verde ayuda a remover "lípidos" de las células grasas.

-¿QUE LE GUSTA EL POLLO FRITO? Me parece bien, pero ¿por qué comer la piel, que contiene muchísima grasa? Si cocino pollo, de inmediato retiro la piel, y ni se diga si es comida en un restaurante. La piel del pollo no debe ser parte de nuestra dieta; aprender a retirarla reduce la grasa y las calorías del platillo a casi la mitad.

¿PRODUCTOS ORGÁNICOS?

Uno de los conceptos más comunes (y menos comprendidos) en el mundo de la alimentación es el consumo de los productos orgánicos. Los alimentos orgánicos son aquellos que fueron cultivados o procesados en un ambiente libre de hormonas, pesticidas o antibióticos.

El sello "USDA ORGÁNICO" asegura que un producto es entre 95 y 100 por ciento libre de esos elementos nocivos para la salud.

Los alimentos como las manzanas, los melocotones, las nectarinas, las fresas, las uvas, el apio, la espinaca, los pimientos, el pepino, el tomate, la papa, los chiles y la col rizada o *kale* deben comprarse orgánicos, porque varios estudios demuestran que son los que contienen el más alto nivel de pesticidas y contaminantes cuando se cultivan de forma industrial, y no de forma orgánica.

VITAMINAS

- **LA VITAMINA D ES LA ESTRELLA DE LAS VITAMINAS**. En su forma natural, la obtenemos al exponernos al sol, y es esencial por su efecto a nivel hormonal. La vitamina D ayuda también al corazón, al páncreas y a prevenir algunos tipos de cáncer, así como a la recuperación de fracturas óseas, ya que ayuda a fijar el calcio y a mantener la función saludable de los músculos. ¿Cuáles son los alimentos altos en vitamina D? El pescado rico en aceites naturales como el salmón, los hongos portobello, el tofu, la leche de soya, los productos lácteos bajos en grasa, la carne de cerdo y los huevos.

- **LAS NUECES DE TODO TIPO SON UNA EXCELENTE FUENTE DE NUTRICIÓN**. Proporcionan vitaminas B y E, y aminoácidos que ayudan a mantener la salud del corazón. La clave está en comerlas en porciones adecuadas y no directamente del envase, porque entonces es fácil perder de vista la cantidad que se come, y por tanto la alta ingestión de calorías. Las nueces proveen de 160 a 190 calorías por onza. La mejor recomendación es poner cantidades pequeñas en bolsitas de plástico tamaño "snack", de las que tienen cierre y que se venden en los supermercados.

PESCADOS

-REDUCIR EL MERCURIO DE LOS PESCADOS ENLATADOS. ¿Qué hacer? Cuando las noticias sobre los efectos negativos del atún nos atacan cada vez más, especialmente si se come atún enlatado, es recomendable escoger el tipo de atún enlatado llamado "Chunk Light", en vez del llamado Albacore o "Solid White". Ojo, las mujeres embarazadas y los niños deben tener especial cuidado si hay preocupación de ingerir mercurio.

-¿CUÁLES PESCADOS CONTIENEN MENOS MERCURIO? Generalmente, es el pescado pequeño el que contiene menos mercurio, como las sardinas, porque pasan menos tiempo en el mar antes de ser capturados y no absorben y acumulan ese metal en sus cuerpos. La cantidad de mercurio que un ser humano consume debe ser cada vez menor para que no haya acumulación en el organismo.

OJO... MUCHO OJO
(AL BORDE DEL PRECIPICIO)

Esto que escribo aquí debe ser la biblia de ustedes antes y después de la operación. NO hay más si quieren tener éxito. Si hay algo que me produce gran desesperación es ver a pacientes que se hicieron la cirugía y que paulatinamente han ido engordando y ahora están igual que antes... o hasta peor.

El problema es que cerraron los ojos a la realidad y no quisieron ver más allá. Sabrina Hernández-Cano en este punto siempre repite la misma letanía:

"No importa cuántas veces te corten, te amarren, te reduzcan el estómago... hasta que no cambies la mente, nada va a cambiar en tu vida porque sin eso nunca vas a poder mantener un nuevo peso. Es como todas las dietas. Todas funcionan maravillosamente, pero la pregunta es: ¿Cómo mantener lo que lograste rebajar?".

Si uno se va a hacer la operación o si ya se la hizo, la advertencia no está de más, es algo que se tiene que tener en cuenta SIEMPRE, así escrito con mayúsculas.

He visto a hombres y a mujeres sentarse a comer y no darse cuenta del grave y costosísimo error que cometieron: si es en la oficina a donde llevan su comida en loncheras, la porción que se sirven es la misma que antes de operarse. Solo que estas personas no se dan cuenta de lo que sucede. A su lado los comentarios no faltan:

"¿Viste a Fulanita? Ha engordado nuevamente. Cómo no iba a estar como antes. Tienes que ver la cantidad que come. Se sirve los platos grandes rebosando de comida y se la come todita; y cuando le decimos que está haciendo mal, nos ignora".

LA "LUNA DE MIEL"

Hay alertas del cuerpo que no deben ignorar.

"El periodo de 'la luna de miel' —advierte la nutricionista— provoca una alegría indescriptible. Todo funciona perfectamente hasta ese momento... Pero pasado un tiempo, ya no hay las restricciones de los primeros meses; ya el cuerpo se acostumbró a comer una variedad de alimentos; todo cae bien y empieza la etapa de confiarse al grado de perderse si no se tiene en claro lo que entra y lo que sale. Si se pierde la cuenta de las calorías, solo con que uno se pase cien calorías al día que no se quemen con ejercicio, eso significa diez libras de más en el cuerpo anualmente...".

¿Cuáles son los peores síntomas a los que no prestamos atención? Las señales del estómago luego de comer. Quienes nos hemos operado sabemos el dolor que sobreviene cuando se come un poco de más.

Es una sensación terrible de molestia. Hay que parar.

Si no se deja de comer en ese instante, las cosas van a ir poco a poco muy mal. Entonces, ¿qué sucede cuando todo se ha perdido? Que comer en mayores cantidades ya no duele.

El signo más claro de que el estómago se ha distendido es la ausencia de dolor. Si se come y ya no duele significa que el músculo ha dado todo de sí. Entonces la cirugía se habrá perdido y se estará a merced de la gula y de la comida sin control como antes.

El error número dos está en beber los líquidos prohibidos. He visto a gente tomar sodas después de operados, ignorando que toda bebida carbonatada expande las paredes del estómago.

"No puedo dejar de tomar ni sodas de dieta ni agua mineral con gas. La soda de dieta no engorda, ¿no lo dice la publicidad? Cero calorías y el agua es solo agua, tampoco engorda".

La nutricionista explica un truco que lleva al fallo...

"Las bebidas de dieta no engordan porque no tienen calorías; sin embargo, según estudios, esa azúcar artificial provoca seguir tomando alimentos con azúcar, que indirectamente es como se engorda, y abren el apetito para seguir comiendo más".

No está en juego que esas bebidas engorden o no. Es otra cosa. Se trata, en el caso del agua mineral carbonatada, de que el estómago no se infle al momento que el líquido entra en el organismo. Todo lo gasificado expande. No lo olviden y no sean como quienes rompen la regla. No solo toman sodas, sino también cerveza y champagne y sidra y vinos espumantes.

Los he visto dar todo tipo de justificaciones...

"Un poquito no hace daño".

En este punto, al principio yo seguí los pasos de Alcohólicos Anónimos: Solo por hoy no me tomo un refresco enlatado con gas, no tomo ni un solo sorbo de cerveza. Yo sabía que si tomaba un poquito, al rato serían dos y tres "poquitos" y después media lata para terminar bebiendo la lata entera. Entonces me reconocí como adicta a todas esas bebidas para poder luchar contra ellas.

He vencido esa imagen de sabor y complacencia al ver el delicioso vaso espumante de una cerveza frente a mí o de una soda helada y burbujeante, y mi fuerza de voluntad diciendo: "No, gracias".

Si a algo le tengo terror es a meterle bebida gasificada a mi estómago. Pero fui más lejos en esta necesidad de no fallar por nada del mundo. Si tengo necesidad de una medicina efervescente antiácida para el estómago de las que vienen en tabletas que provocan burbujas, NO las tomo y busco alternativas.

Tampoco tomo ningún tipo de sal efervescente en polvo, ni siquiera la famosa vitamina C que viene en forma de tableta carbonatada para disolver en agua.

Me he convertido en una detective para encontrar las bebidas que tienen este ingrediente escondido que me puede hacer daño y las desecho.

No es no. Y no permito excepciones.

EL AGUA ES VIDA

En esta cirugía, tomar agua y más agua significa triunfar por una sencilla razón: estar hidratada ayuda a no tener estreñimiento, a digerir los alimentos y, sobre todo, a limpiar los riñones.

¿Cuánta agua es necesaria al día?

La ecuación es sencilla según los expertos.

"El peso dividido a la mitad da las onzas de agua a tomar por día. En mi caso, mi peso de 115 libras da 57 onzas, que son materialmente tres botellas y media de dieciséis onzas cada una, o los tradicionales siete vasos de ocho onzas".

SOLOS NO PODEMOS... TIENE QUE HABER CONTROL

Perder peso y triunfar después de una cirugía bariátrica requiere del trabajo de un equipo que funciona para el paciente: el médico, el cirujano, la enfermera, la nutricionista, la psicóloga, el entrenador de ejercicio. Cada quien tiene un rol importantísimo, pero el más consistente a largo plazo sigue siendo el control del paciente.

En mi caso, la nutricionista Sabrina Hernández-Cano ha sido

la columna vertebral del cambio con la experiencia que tiene tras años de trabajo.

"Es importantísimo tener herramientas para cuando llegue el disparo. ¿Qué significa esto? Que las tentaciones van a abundar para los pacientes y todos los años vamos a tener Navidades, vacaciones, es decir, excusas increíbles. Me he cansado de escuchar que pierden el control... ¡por los huracanes! Cuando les pregunto: ¿Por qué? ¿Acaso estuviste en medio de alguno? No, me responden sin el menor temor. Es que en mi casa esperando que llegara nos pusimos a comer papitas fritas, *snacks*, sodas, y nada, así estuvo la cosa".

Para todas estas situaciones es que se habla de tener un control mental y mensual.

"Si un paciente no tiene control sobre el peso o lo que come, y esto sucede de forma periódica, fácilmente va a hacer lo que quiere: comer sin control. Tengo pacientes que se comportaron maravillosamente el primer año, después se confiaron y dejaron de asistir a sus controles de peso. ¿Qué les sucedió? Ellos mismos me lo explicaron: cinco libras de más, después se convirtieron en diez, en veinte, y el peso anterior a la cirugía regresó. De hecho, tengo pacientes a quienes vi un par de veces. Después se perdieron por varios años y han regresado a mí... porque están por hacerse ¡una segunda cirugía que achique un estómago que ya había sido operado!".

LA HORA DE LAS BRUJAS

Todos la hemos vivido, pero no todos identifican el daño potencial que provoca... ¿Cuándo sucede la hora de las brujas? Esto dice Sabrina Hernández-Cano:

"Puede ser a las tres de la tarde, puede ser a las once de la noche, y es bueno reconocerla y atacarla. Si hay hambre es un buen momento para alimentarse bien; no es necesariamente el momento de tomar un "snack" o merienda. Aquí hay que reconocer el síntoma: ¿Es hambre? ¿O es antojo? Si es hambre, se come y ahí termina el problema, pero ¿qué tal si es sueño, sed, cansancio, ansiedad? Puede suceder el desastre de comer sin control".

La "hora de las brujas" tiene múltiples características. Se las enumero aquí para que no se equivoquen: aburrimiento, enojo, tristeza, soledad, cansancio. También tiene innumerables excusas: Yo no estoy triste, yo no estoy sola, yo soy una gorda feliz. Yo soy de *happy hours*, de chocolates finos, de champagne...

"El problema no es esa aparente felicidad, sino la realidad que hay detrás de cada una de esas respuestas: un índice de masa corporal o BMI de más de treinta indica una obesidad que como consecuencia puede provocar hasta 180 enfermedades diferentes. Por eso, cuando me dicen que son gorditas o gorditos felices yo les respondo: 'Espérame un momento y ¿dónde está el peligro de un ataque al corazón como el que vi en tantos años como nutricionista de rehabilitación cardiaca?'", explica Sabrina Hernández-Cano.

En concreto: "La hora de las brujas" es una realidad. Significa el peligro real de perder el control. La única forma de pelear es identificar cada ataque...

¿Se sienten solas o solos? Llamen a una amistad.

¿Se sienten tristes? Busquen el lado espiritual, una lectura de inspiración.

¿Tienen depresión o cansancio? No hay nada que no solucione una hora de ejercicio.

¿Sienten ira, rabia, coraje? Es tiempo de ir donde un psicólogo que los lleve a resolver ese pasaje de sus vidas que está provocando esos sentimientos.

PARA RECORDAR

- Tengan este capítulo listo para leer y releer.
- Hagan anotaciones y repítanlas cuando los ataque la hora de las brujas...
- Todas son experiencias que les suceden a los pacientes bariátricos.

LA PANDEMIA QUE NOS CAMBIÓ A TODOS...

Cuando este libro ya estaba escrito, sin que nadie se lo esperara, a todos los seres humanos nos atacó desprevenidos la pandemia del coronavirus en el año 2020. Y no era posible que algo que nos cambió la vida estuviera ausente de estas páginas y pasara desapercibido cuando a mí misma, por esa pandemia, la vida me dio un gran cambio.

Comenzando por este libro, cuya publicación sufrió las consecuencias.

Tendría que haber salido en noviembre de 2020 y justo después de que, luego de un 2019 de intenso trabajo con viajes y *deadlines* casi a diario que me impidieron sentarme a escribirlo, finalmente pude entregarlo la primera semana de febrero de 2020. Pero ya no hubo manera de publicarlo entonces porque todo se paralizó.

La pandemia comenzaba y se veía lejanísima... La primera semana de marzo nuestros ojos presenciaron lo increíble: España e Italia cerraron sus puertas. Los muertos comenzaron a ser notorios y las imágenes que llegaban de Europa nos tomaron por sorpresa...

Siempre he sido afortunada y, la primer semana de marzo, ¡precisamente me encontraba en un viaje de trabajo por Valencia y Madrid! Exactamente en España, y mi amiga Laura Martínez-Alarcón —periodista mexicana que vive en Barcelona— al saber que estaría unos días trabajando en Valencia vino a verme por unas horas a esa ciudad.

Decidimos tomar unos vermuts con la vista panorámica de un bar valenciano y, mientras esperábamos subir al elevador, al abrirse salió de ellos un grupo de chinos. La reacción de susto y asco de los valencianos que se encontraban esperando entrar a aquel elevador como nosotras fue grosera e incomprensible.

Con señas —movieron la mano derecha, como si fuera un abanico que agitaban cerca de la nariz para no respirar el aire que venía de ellos—, les hicieron ver que no eran bienvenidos.

Eso me impactó. Los turistas chinos al ver los gestos salieron rápidamente y se perdieron en la ciudad. La realidad es que nadie sabía si eran chinos o de qué parte.

Me chocó aquel gesto grosero y Laura, que se dio cuenta, me aclaró lo que sucedía...

"La gente hace eso porque resulta que en China, en concreto en la ciudad de Wuhan, hay una epidemia de algo como una influenza que dicen es peligrosa y ha matado a mucha gente ahí. La llaman Covid-19 y hay miedo de que nos llegue a España. ¿En los Estados Unidos no han escuchado de eso?".

Le contesté que sí, pero que la China geográficamente está tan lejana que realmente no preocupaba a nadie porque estábamos seguros de que a Estados Unidos no llegaría...

Así pensaba media humanidad y pronto la realidad superó cualquier ficción y Wuhan, China, se convirtió en algo más que conocido cuyo nombre todos comenzamos a repetir con terror.

Pero a nosotros, unos norteamericanos de otro continente, antes de regresar a Miami aquel principio de marzo de 2020 el Covid-19 no nos preocupaba. Grabamos entrevistas en Madrid donde anduvimos para arriba y para abajo, caminando entre el gentío que a la usanza española abarrotaba calles y avenidas sin más motivo que divertirse.

Caminamos el centro madrileño siempre congestionado de gente sin imaginar que solo una semana después España cerraría sus fronteras en medio de un azote de Covid-19 que estaba contagiando y matando a su población y que las estrictas medidas de prevención comprenderían la prohibición de reuniones sociales y aglomeraciones, y el uso de máscaras, algo que nosotros no pudimos haber imaginado.

Ignorábamos que entre aquellas miles de personas, seguramente había algunas que tenían ya, aunque en etapa de desarrollo, el mortal Covid-19.

El regreso a la Unión Americana nos tomó en medio de medidas que no entendíamos: Univision canceló de golpe todos los viajes de negocios. Nadie saldría al extranjero para no arriesgarnos.

Yo pensaba para mis adentros: "Pronto saldremos a viajar porque... ¿de qué manera se haría la noticia por televisión? Ni que fuera por teléfono con videos domésticos".

Exactamente así fue.

Y vimos como nuestras ciudades cerraron y como el contagio llegó a Estados Unidos y nos convertimos en el primer país en tener más contagiados que toda Europa.

Vivimos súbitamente la prohibición de salir a las calles: confinamiento lo llamaron.

Casi el total de los negocios sufrieron con las cuarentenas. A causa de eso, hubo producciones de televisión que se cancelaron. Muchos *shows* terminaron también, entre ellos *Crónicas*, el programa para el que trabajaba dentro de la división de noticias de Univision.

Pero los tiempos de Dios son perfectos, y ÉL cierra puertas pero abre otras; es cuestión de entenderlo y aprovechar esa ocasión donde uno no entiende, pero obedece.

Resulta que durante el confinamiento inicial los restaurantes cerraron. Entonces yo, que tengo una bien ganada fama de cocinar sabroso, pero cocina familiar, nada sofisticado, me propuse llevarle comida casera al equipo del *show El Diario del Coronavirus*, para el que había comenzado a trabajar de inmediato presentando junto a mi amigo y compañero, el periodista Jorge Ramos.

Lo hacía porque para las madres mexicanas —e imagino que de todas las nacionalidades— la comida es un abrazo que les damos a los nuestros para hacerles sentir cuánto los queremos.

Todos los días, mientras preparaba o empacaba el menú del día, sacaba fotos y las subía a mi cuenta de Instagram, creando aquellas pequeñas historias de poco más de un minuto... Nunca imaginé la acogida del público: miles de visitas y de "likes".

Eran fotos de comida, en parte recetas de mi adorada abuela Doña Raquel y otras de Sabrina Hernández-Cano.

¿Por qué les cuento esto? Por lo mismo que dije antes: Dios siempre tiene un plan perfecto, solo hay que acoplarse a él.

Nueve semanas después de haber empezado solo para informar al público sobre el coronavirus, el *show* terminó cuando los números mortales comenzaron a bajar y la gente ya no quería saber más del coronavirus.

Mi siguiente asignación, entre otras, fue cocinar en el programa *Despierta América*, el *show* matutino más importante de la cadena Univision. Yo no era ni chef ni cocinera. Fue un segmento para una ama de casa de parte de otra ama de casa —y madre de familia— que es también periodista y que cocina para los suyos como era mi caso. Alguien que se preocupaba por hacer rendir un poco el dinero, así que la modalidad era especial: la receta tendría que costar menos de veinte dólares y alimentar a una familia de más de seis.

Así nació *Donde comen dos, comen tres.*

A partir de ahí todo el mundo me ha pedido recetas. Bueno, en el próximo capítulo comparto una gran mayoría de ellas.

La pandemia fue terrible, sí, pero nos enseñó varias cosas: a tener paciencia, a ser más cuidadosos, y también a saber sobrevivir.

Me preguntaba entonces: ¿Qué hacer? ¿Cómo interrumpir mi rutina diaria de ejercicio?

Era la ocasión y el pretexto perfecto, pero mi determinación era más fuerte. ¿Comer porque estoy angustiada, preocupada y tengo miedo?

Nooooo, Collins, esa no es la respuesta. La vida sigue y todo esto tendrá que pasar.

Así que decidí que nada cambiaría devolviéndome al fracaso. Afortunadamente, el confinamiento en los Estados Unidos nunca prohibió el ejercicio, salvo en contados puntos donde por suerte no vivo. Gracias a Dios, las calles, playas y parques de Miami, con todo su foco de infección, se convirtieron en la pista de entrenamiento para mis amigas de "La Tropa Loca" y yo. Allí andábamos por las madrugadas. A pesar de que Silvia Salgado fue contagiada, gracias a Dios, el uso de máscaras y que guardáramos la distancia social nos libró del contagio.

Se los tenía que contar; no podía dejar esto para después, porque ¿saben qué otra cosa extra aprendí con la pandemia? Que una vez que haces tuyo un buen hábito —como el de caminar y el de mover y ejercitar tu cuerpo—, este ya te pertenece, es tuyo para siempre. Y no hay nada ni nadie que nos detenga. No importa la edad que tengamos.

Así que, si yo pude en medio de la pandemia que me puso a prueba… ¡Ustedes más!

Y no hay más que decir.

LO IMPORTANTE NO ES LLEGAR... SINO MANTENERSE

En teoría, este es el último capítulo del libro. Y a propósito lo dejé para el final porque quiero que, luego de acompañarme a lo largo de estas páginas, si enfrentan la batalla emocional contra el sobrepeso y la obesidad —se vayan a hacer la cirugía bariátrica o no—, mi experiencia los ayude a salir adelante.

Aunque no lo crean, quien mejor me retrata es Luz María Doria, mi amiga desde hace más de veinte años.

Ella sabe que soy como muchos.

Como porque me gusta.

Como porque tengo miedo.

Como porque me da hambre.

Como por ansiedad.

Como por tristeza.

Como porque me dejó el novio que yo creía que sería el "hombre de mi vida"... pero no lo fue.

Como porque el presente me hace sentir bien.

Como porque estoy sola sin un amor.

Como porque ahora soy feliz como estoy.

Es decir, como por todo, bueno o malo.

Ella descubrió cómo soy.

Gracias, Luzma, por mostrarme con mis debilidades y mis éxitos.

¡Eso es ser amiga!

Desde siempre supe que la frase "lo importante no es ganar sino competir" no era para mí. No creo en eso. Y la razón es que no sé perder.

Quienes me conocen saben que esto que les cuento es cierto: me encanta competir con mis historias en los premios nacionales de periodismo en los Estados Unidos, que es donde ha transcurrido mi vida.

No hay momento más intenso y feliz que cuando uno recibe la nominación por el trabajo hecho con sacrificio, dedicación y entrega total.

"Me lo merezco", me repito con orgullo al enterarme.

Pero, ¿qué pasa? Que sin importar cuál sea ese premio, al final no asisto a la noche de la entrega de los premios. He ido a varias galas donde yo estaba segura de que ganaría por el trabajo tan bien hecho que había presentado y donde todos a mi alrededor pronosticaban lo mismo: "Ve preparando el discurso que te lo vas a ganar".

Pero ¿qué sucedía? Pues que, por supuesto, llegaba preparada con lo que iba a decir al recibir el trofeo y… en varias ocasiones, ¡no gané! Esos segundos donde anunciaban los nombres y no decían el mío, o el de mi reportaje, se convirtieron en una tragedia emocional… Y después ni qué decir de cómo me sentía.

Fue tan grande el problema que un día decidí no asistir más a esos eventos. ¿La razón? No sé perder. No lo sé. No lo entiendo.

Especialmente porque sé que uno debe intentar todo en la vida poniendo lo mejor de sí para lograrlo.

Es la verdad y no lo puedo ocultar: compito con lo mejor de lo mío para ganar...

Bueno y... ¿qué tienen que ver esos premios con el tema de este libro? Pues muy sencillo: que me pasa lo mismo en todos los aspectos de mi vida.

Esta etapa de la cirugía bariátrica ha sido sin lugar a dudas el premio mayor. Gané, sí... pero también está el riesgo de perder y terminar en la bancarrota de los kilos y las libras.

Año tras año he ido venciendo los obstáculos y también a los agoreros —aquellos que gozan anunciando las desgracias de los demás—, a quienes he dejado con la boca abierta porque no se cumplieron sus malévolos pronósticos de que iba yo a fallar.

¿Qué hice para triunfar sobre los números de las estadísticas que pronostican un desastre luego de tres, cuatro años de la cirugía porque el paciente termina rompiendo las reglas? Me inventé mis propias estrategias.

Aquí tienen en pocas palabras lo que me repito a diario...

- En la vida todo es asunto de entender que lo importante NO es lo que uno sabe, sino lo que tiene que aprender... Aprendo de todo, de todos, TODOS los días.
- Sé que soy una persona que, como todas las que tenemos adicción a la comida, come por todo, por cualquier cosa. Porque estoy triste, porque estoy feliz, porque me han salido bien las cosas y porque no también... Por tanto, he decidido que un plato de comida no me puede volver a vencer.
- No me creo la dueña del trofeo del triunfo en el ejercicio y cumplo conmigo misma todos los días.
- Sin importar que sea de noche o de día, que haga frío o calor, camino, camino y sigo caminando para quemar calorías y mover el cuerpo.
- He reinventado las vacaciones y días festivos de manera que

todo gire en torno al ejercicio: elijo pasarlos en una ciudad, en un país donde pueda hacer largas caminatas junto a quienes me acompañan en la jornada.

- He aprendido que un momento de indecisión, de caer en la tentación, lleva indefectiblemente al fracaso.
- Huyo como vampiro a la luz del día de todos los alimentos y bebidas que me fueron prohibidos.
- Sigo al pie de la letra las recomendaciones.
- No me doy la oportunidad de caer.
- Si me caigo… me sacudo y me vuelvo a levantar.
- Reconozco las señales de peligro, y como no fallo en mis controles con la nutricionista, ella me alerta si estoy en peligro.

Quizá lo más importante: Sé que Dios me acompaña siempre. Tengo fe.

Desde el primer momento, cuando iba a entrar a la sala de operaciones, le pedí a Él que guiara la mano del doctor Moisés Jacobs, mi cirujano, un ángel en este camino, y lo hizo.

Me digo todos los días que la fe es la certeza de lo que se espera, la convicción de lo que no se ve, y me repito que Dios me concedió el éxito en esta operación para vivir el tiempo que él me tenga asignado de forma sana y feliz.

Por eso, porque la fe es muy importante, a diario doy gracias por el milagro de seguir viva, por entender que todo lo que hacemos tiene una consecuencia y que, en mi caso, fue el maravilloso cambio que he experimentado. La espiritualidad, sea cual sea la creencia de cada uno, juega un gran papel aquí.

Por eso, al abrir los ojos todos los días, me digo esto:

"Gracias, Señor, por la salud que hoy me das y por permitirme entender que en esta etapa de mi vida lo importante no fue llegar a la meta… sino mantenerla, para honra y gloria de tu nombre, amén".

TERCERA PARTE
(MENÚS QUE HASTA HOY ME MANTIENEN Y LAS RECETAS DE MI ABUELITA DOÑA RAQUEL)

Si hay algo que la gente me pregunta constantemente es cómo desayuno, almuerzo y ceno.

La respuesta es siempre la misma: lo hago con el ingenio de Sabrina Hernández-Cano, quien ha diseñado menús que saben rico, y además —como dice ella— se preparan con cocina moderna que no luce anticuada ni fuera de moda.

Aquí les incluyo recetas para dos semanas que les van a dar una idea y que, después, al mezclarlas con mesura y sabiduría, seguramente se convertirán en recetas para un mes.

Pero también están las recetas que han sido bien recibidas en *Despierta América*... Eran de mi abuelita Doña Raquel... pero ahora son de ustedes.

DÍA 1

DESAYUNO: PUDÍN DE CHÍA CON FRUTAS FRESCAS

Tiempo: 15 minutos
Porciones: 4
Ingredientes:

2 tazas de leche de coco o almendra baja en azúcar
3/4 taza de semillas de chía
1/2 cucharadita de canela
1/2 cucharadita de extracto de vainilla
1 pizca de sal
1/4 taza de fresas o moras picaditas, o mango picadito

PREPARACIÓN

Mezcla todos los ingredientes menos la fruta en un recipiente. Refrigera de 4 a 6 horas, o toda la noche. Decora con frutas.

INFORMACIÓN NUTRICIONAL

250 calorías
5 g de proteína
10 g de grasa total
3 g de grasa saturada
24 g de carbohidratos
11 g de fibra
0 g de azúcar añadida

ALMUERZO: *WRAP* DE GARBANZOS Y AGUACATE EN HOJAS DE LECHUGA

Tiempo: 25 minutos
Porciones: 3
Ingredientes:
2 aguacates
3 tazas de garbanzos cocidos y escurridos
2 tallos de apio picado
1 pimiento picado
2 zanahorias crudas picadas finamente
Jugo de limón al gusto

1/2 taza de cilantro picado
1/2 cucharadita de sal
1/2 cucharadita de pimienta
2 hojas de lechuga
Cebolla morada picada, al gusto

PREPARACIÓN

En un recipiente, haz un puré con los garbanzos y el aguacate (debe tener la consistencia del puré de papa). Añade a la mezcla el apio, pimiento y zanahorias, jugo de limón, cilantro, cebolla morada, sal y pimienta y mezcla todo bien. Las hojas de lechuga deben ser delgadas y sin los bordes. Toma de un cuarto a media taza del puré preparado y ponlo en medio de la hoja de lechuga. Dobla los bordes hacia dentro y después enrolla la hoja como si fuera un burrito.

INFORMACIÓN NUTRICIONAL

400 calorías
10 g de proteína
3 g de grasa total
1 g de grasa saturada
18 g de carbohidratos
5 g de fibra
0 g de azúcar añadida

CENA: POLLO SALTEADO EN JUGO DE PIÑA Y JENGIBRE

Tiempo: 15 a 20 minutos
Porciones: 2
Ingredientes:
1/2 taza de jugo de limón

1 cucharada de jugo de piña
1/2 cucharada de salsa de soya baja en sodio
1 ajo picado
1/2 cucharadita de jengibre rallado para el salteado
1/2 taza de quinua
2 cucharaditas de aceite de oliva
8 onzas (1/2 libra) de pechuga de pollo, cocido y sin piel, cortado en pedazos (si van a comer 4 personas puedes añadir 8 onzas o 1/2 libra más pechuga de pollo)
1/2 manojo de espárragos verdes cortados en rodajas
1/2 pimiento rojo en rebanadas
1/2 pimiento amarillo en rebanadas
1 pizca de sal
1 pizca de pimienta

PREPARACIÓN

Cocina la quinua según las instrucciones del paquete. Después, prepara la salsa: en un recipiente mediano mezcla el jugo de limón, la salsa de soya, el ajo y el jengibre, y bate la mezcla bien. Reserva a un lado.

En la misma sartén a fuego medio alto, calienta el aceite de oliva restante, añade los espárragos y el pimiento rojo. Sofríe durante 5 minutos. Añade la salsa de soya al pollo y ponlo a sofreír en el sartén.

Después añade la mezcla de jugo de limón, salsa de soya, ajo y jengibre que habías reservado. Cocina de 5 a 10 minutos.

Sírvelo sobre media taza de quinua.

DÍA 2

DESAYUNO: TAZA DE CREMA DE ALMENDRAS Y MORAS

Tiempo: 5 minutos
Porciones: 1
Ingredientes:
1 taza de yogur griego sin azúcar
1/2 taza de moras frescas
1 cucharada de mantequilla de almendra
1/2 cucharadita de vainilla

PREPARACIÓN
Vierte el yogur en una taza y agrega las moras frescas, la mantequilla de almendra y la cucharadita de vainilla y mezcla bien.

INFORMACIÓN NUTRICIONAL
238 calorías
21 g de proteína
9 g de grasa total
0.5 g de grasa saturada
19 g de carbohidratos
3.4 de fibra
0 g de azúcar añadida

ALMUERZO: *WRAP* DE PICADILLO DE PAVO EN HOJA DE COL (O LECHUGA)

Tiempo: 20 minutos
Porciones: 2
Ingredientes:

2 hojas de col hervida
1/4 taza de guacamole
8 onzas de picadillo de pavo (preparado por separado y a tu gusto)
1 taza de pimiento rojo cortado a lo largo, en juliana
1 taza de repollo morado rebanado finamente
1 cucharada de cilantro picado finamente

PREPARACIÓN

Esparce el guacamole uniformemente sobre la hoja de col (puede ser lechuga). Pon una capa del picadillo de pavo, previamente preparado a tu gusto, y después una capa de pimiento y otra de repollo morado. Enrolla firmemente.

INFORMACIÓN NUTRICIONAL

330 calorías
23 g de proteína
14 g grasa total
1 g de grasa saturada
8 g de fibra
0 g de azúcar añadida

CENA: SOLOMILLO (*TENDERLOIN*) CON BONIATO Y BRÓCOLI

Tiempo: 30 minutos
Porciones: 2
Ingredientes:
8 onzas (1/2 libra) de filetes de solomillo (o ternderloin)
2 boniatos medianos
2 tazas de brócoli
2 tazas de coliflor

2 cucharadas de aceite de oliva
2 pizcas de sal
2 pizcas de pimienta
2 pizcas de chile (de tu elección) en polvo
2 cebollines verdes picados

PREPARACIÓN

Precalienta el horno a 400 ° F. Hierve el boniato hasta que esté suave. Mezcla el brócoli y la coliflor con la mitad del aceite, la sal y la pimienta, y colócalos en una bandeja para hornear. Cocina hasta que las flores estén ligeramente doradas, pero tiernas y crujientes. Aparte, adorna el boniato con el cebollín, sal y pimienta. Sirve junto al solomillo. Calienta una parrilla o sartén a fuego medio y pon el aceite restante. Salpimienta la carne en ambos lados y ponla a cocer de 7 a 10 minutos por cada lado, o al punto de cocción que desees. La carne debe cocinarse hasta que su temperatura interior llegue 145 ° F. Esto puede verificarse con un termómetro de carne. Deja reposar de 3 a 5 minutos antes de servir.

DÍA 3

DESAYUNO: REVOLTILLO DE HUEVO CON ESPINACA

Tiempo: 10 minutos
Porciones: 1 porción
Ingredientes:
2 huevos
1/4 taza de leche descremada
1/4 taza de cebolla picada
1 taza de espinaca cruda

1 tomate picado
1 pizca de sal
1 pizca de pimienta
1 pizca de orégano o chile al gusto

PREPARACIÓN

Bate los huevos y agrégales un poco de leche. Calienta una sartén con aceite y ahí sofríe la cebolla, la espinaca y el tomate, y cocina todo removiendo hasta que la espinaca esté suave. Después añade los huevos y cocina hasta que estén hechos. Sazónalos con sal y pimienta.

INFORMACIÓN NUTRICIONAL

215 calorías
14 g de proteína
8 g de grasa total
2.6 g de grasa saturada
15 g de carbohidratos
5 g de fibra
0 g de azúcar añadida

ALMUERZO: ENSALADA TEJANA CON FRIJOLES Y POLLO SALTEADO

Tiempo: 20 minutos
Porciones: 4
Ingredientes:
1 libra (16 onzas) de filetes de pollo
2 cucharadas de aceite de oliva
3/4 taza de frijoles pintos (cocidos)
3/4 taza de frijoles negros (cocidos)

3/4 taza de frijoles rosados (cocidos)
3/4 taza de tomate picado
1/4 taza de maíz
3 cucharaditas de cilantro fresco picado
1 cucharada de aceite de oliva
1 cucharada de vinagre balsámico
Sal y pimienta al gusto

PREPARACIÓN

Precalienta el horno a 400 ° F y pon los filetes de pollo en una bandeja para hornear. Sazónalos con sal, pimienta y aceite de oliva. Hornéalos de 20 a 25 minutos hasta cocinarlos completamente. Rebánalos en tiras finas. Pela y corta el aguacate en pedazos pequeños. Pica el tomate, la cebolla, el cilantro. Mezcla todos los ingredientes y al final adereza con aceite de oliva, vinagre balsámico, sal y pimienta.

INFORMACIÓN NUTRICIONAL

270 calorías
35 g de proteína
8 g de grasa total
2.3 g de grasa saturada
31 g de carbohidratos
10 g de fibra
0 g de azúcar añadida

CENA: SALMÓN MEDITERRÁNEO CON QUINUA Y BRÓCOLI

Tiempo: 35 minutos
Porciones: 2

Ingredientes:

1 cucharada de aceite de oliva
1/2 cebolla de rabo largo picada
1/2 cucharadita de tomillo seco
1/2 cucharadita de orégano seco
14 onzas de tomates enteros enlatados
1/2 cucharada de miel
3 tazas de caldo de pescado
6 onzas de quinua
1 libra (16 onzas) de filetes de salmón
1 pizca de sal, al gusto
Pimienta, al gusto
2 cucharadas de queso parmesano rallado (opcional)
2 cucharadas de cebollines picados

PREPARACIÓN

Calienta el aceite de oliva en una sartén grande. Saltea durante cinco minutos a fuego lento la cebolla de rabo largo picada hasta que esta se ablande, pero no dejes que dore. Sazona con sal, pimienta, tomillo y orégano, y saltea unos minutos más. Agrega los tomates con su jugo, machacando los tomates con las manos o la parte posterior de una cuchara. Añade la miel y pon la salsa a hervir. Baja el fuego y cocina a fuego lento por diez minutos hasta que la salsa se espese. Añade el caldo de pescado y vuelve a hervir. Cuando esté hirviendo, añade la quinua. Hierve a fuego medio unos diez minutos hasta que esté suave y la mayor parte del líquido se haya absorbido. Revuelve con frecuencia la quinua para que no se pegue al fondo de la olla. Sirve el salmón cocido previamente y decora con los cebollines y el queso parmesano rallado.

PARA EL BRÓCOLI:

6 tazas de brócoli
2 cucharadas de aceite de oliva
2 pizcas de sal
1 cucharadita de pimienta molida
1 cucharadita de pimienta de cayena (opcional)

PREPARACIÓN

Precalienta el horno a 425 ° F. Corta el brócoli dejándole una pulgada o dos del tallo. En un tazón pon el brócoli y el aceite de oliva asegurándote de remojarlo uniformemente. Salpimiéntalo y pon todo en una charola de hornear galletas. Cocina en el horno a 425 ° F de 25 a 30 minutos. Una vez que la parte superior del brócoli esté color marrón es señal de que está cocido.

INFORMACIÓN NUTRICIONAL

501 calorías
34 g de proteína
19 g de grasa total
2 g de grasa saturada
52 g de carbohidratos
7.8 g de fibra
0 g de azúcar añadida

DÍA 4

DESAYUNO: QUESO *COTTAGE* CON MORAS Y ALMENDRAS

Tiempo: 10 minutos
Ingredientes:
1 taza de queso *cottage* (bajo en grasa)
1/2 taza de moras
1 cucharada de almendras fileteadas

PREPARACIÓN
Sirve el queso *cottage* en una taza, y decora con las moras y las almendras fileteadas.

INFORMACIÓN NUTRICIONAL
255 calorías
30 g de proteína
6.8 g de grasa total
2 g de grasa saturada
18 g de carbohidratos
2.5 g de fibra
0 g de azúcar añadida

ALMUERZO: SÚPER ENSALADA DE CHÍA

Tiempo: 10 a 15 minutos
Porciones: 1
Ingredientes:
4 onzas de hongos (champiñones)
2 onzas de zanahorias cortadas en rodajas finas
3 tazas de espinaca

1 repollo morado pequeño
2 rábanos medianos cortados en rodajas finas
1 cucharada de semillas de chía
3 cucharadas de jugo de limón
1 cucharada de mostaza
1 cucharadita de miel
4 cucharadas de aceite de oliva
Sal y pimienta al gusto

PREPAPACIÓN:

Mezcla bien en un bol el jugo de limón, la mostaza, la miel, el aceite de oliva, la sal y la pimienta. Reserva.

Mezcla en otro bol la espinaca, el repollo, los rábanos y la chía. Adereza. Esta ensalada se puede servir sola o con pollo, tofu, pescado o carne; incluso con algún sobrante del día anterior.

INFORMACIÓN NUTRICIONAL

200 calorías
4 mg de proteína
8 g de grasa saturada
6 g de carbohidratos
6 g de fibra

CENA: PASTA DE *ZUCCHINI* Y VEGETALES EN ESPIRAL, CON POLLO

Tiempo: 15 a 20 minutos
Porciones: 4
Ingredientes:
8 tazas de pasta de *zucchini* y vegetales en espiral
1 cucharada de aceite de oliva
1 1/2 tazas de pollo rostizado deshebrado

2 dientes de ajo picados
1 cucharadita de condimento italiano
1/4 cucharadita de pimienta negra
2 latas de tomates cortados en cubos sin escurrir
2 tazas de espinaca picada
3/4 taza de queso *mozzarella* rallado

PREPARACIÓN

Precalienta el horno a 350 ° F. Hierve las espirales de *zucchini* hasta que estén al dente. Tardarán de 8 a 10 minutos, dependiendo del gusto de cada quien.

En una sartén grande a fuego medio, calienta el aceite. Mezcla el pollo, el ajo, el condimento italiano y la pimienta. Cocina por 5 minutos. Agrega los tomates, que habrás machacado por separado, y sigue cocinando durante 10 minutos. Añade a la salsa la espinaca y cubre la sartén durante 2 minutos hasta que el calor la suavice. Pon la pasta de *zucchini* en un refractario para hornear y sobre este coloca la salsa. Espolvorea el queso encima y cocina al horno durante 20 minutos o hasta que el queso se derrita. Sirve de inmediato.

PARA ACOMPAÑAR: ESPINACAS AL AJO

1 libra de espinaca
2 cucharadas de aceite de oliva
4 dientes de ajo picado
2 pizcas de sal
2 pizcas de pimienta

PREPARACIÓN

Calienta el aceite en una sartén grande a fuego medio-alto. Añade el ajo y sofríelo un minuto. Agrega la espinaca y cocina hasta que esté suave, unos 4 minutos más. Sazona a tu gusto con sal y pimienta, y sírvela de inmediato como acompañante o como plato principal si eres vegetariano o vegetariana.

INFORMACIÓN NUTRICIONAL

366 calorías
31 g de proteína
20 g de grasa total
22 g de carbohidratos
12 g de fibra
0 g de azúcar añadida

DÍA 5

DESAYUNO: SÚPER JUGO VERDE

Tiempo: 10 a 15 minutos
Porciones: 1
Ingredientes:
1 cucharada de proteína en polvo sin sabor
2 tazas de espinaca
2 ramas de apio
1 manzana verde o roja
1 limón
1 cucharadita de jengibre pelado
1 cucharada de espirulina en polvo
8 onzas de agua
4 o 5 trozos de hielo

PREPARACIÓN

Pon todos los ingredientes en un procesador de alimentos, licúalos, y sírvelo bien frío.

INFORMACIÓN NUTRICIONAL

200 calorías
28 g de proteína
0 g de grasa total
22 g de carbohidratos
4 g de fibra
0 g de azúcar añadida

ALMUERZO: ENSALADA FRESCA DE ESPINACA CON HUEVO

Tiempo: 10 a 15 minutos
Porciones: 4
Ingredientes:
6 huevos duros
1 1/2 taza de yogur griego sin sabor (*plain*)
1 cucharadita de curry en polvo
1 1/2 cucharaditas de vinagre de sidra de manzana
1 1/2 cucharadita de pimienta de Cayena
1 cebolla de rabo largo picada
1 cucharada de cilantro picado
2 pizcas de sal
2 pizcas de pimienta
1 manojo de espinaca (cruda y lavada)

PREPARACIÓN

Pon a hervir abundante agua en una olla. Cuando esté a punto de ebullición, cuidadosamente coloca los huevos para que se cuezan (unos 10 minutos). Cuando estén cocidos, sácalos y deja reposar de 10 a 12 minutos. Pélalos bajo agua fría. Pica los huevos y colócalos en un tazón. Añade el resto de los ingredientes, mézclalos y después mételos al refrigerador. Sirve sobre la espinaca.

INFORMACIÓN NUTRICIONAL

387 calorías
27 g de proteína
16 g de grasa total
3 g de carbohidratos
6.7 g de fibra
0 g de azúcar añadida

CENA: CARNE ESTILO LIBANÉS CON HUMUS

Tiempo: 15 a 20 minutos
Porciones: 4
Ingredientes:
Filete de solomillo (*tenderloin*) de 1 1/2 libras (24 onzas), sazonado y marinado la noche anterior
1/4 taza de yogur sin sabor
Jugo de 1 limón
3 cucharadas de aceite de oliva
1/2 cucharadita de pimienta
1/2 cucharadita de pimentón
1/2 cucharadita de comino
1/2 cucharadita de cúrcuma (*turmeric*)
1/2 cucharadita de pimienta de Jamaica
1/2 cucharadita de canela
1/2 cucharadita de tomillo
1 taza de tomates cherry
1/4 manojo de cebollines verdes

1 ramita de perejil
1/2 taza de humus

PREPARACIÓN

Marina la carne en una mezcla de yogur, jugo de limón y aceite de oliva; sazona al gusto. Deja reposar hasta 2 días en el refrigerador en un recipiente tapado. Rebana la carne en rodajas finas y sécalas con toallas de papel. Fríela en un poco de aceite de oliva durante un par de minutos por cada lado (o al gusto de cada comensal). Cuando esté lista, sácala de la sartén y pon encima humus al gusto. Añade tomates cherry, cebollas y una pizca de perejil. Sirve inmediatamente.

ENSALADA DE TOMATE Y ALBAHACA

Tiempo: 10 minutos
Porciones: 2
Ingredientes:
1 taza de tomates cherry cortados en cuartos
1 diente de ajo picado
2 cucharadas de albahaca fresca picada finamente
1 cucharada de aceite de oliva
1 pizca de sal
1 pizca de pimienta

PREPARACIÓN

En un tazón pequeño, mezcla los tomates troceados en cuartos y agrégales la albahaca. Adereza con ajo, aceite de oliva, sal y pimienta, y mezcla. Marina durante unos 15 minutos.

INFORMACIÓN NUTRICIONAL

513 calorías
33 g de proteína

21 g de grasa total
3.8 g de grasa saturada
55 g de carbohidratos
12 g de fibra
0 g de azúcar añadida

DÍA 6

DESAYUNO: CAZUELITAS DE HUEVOS

Tiempo: 15 minutos
Porciones: 4
Ingredientes:
4 huevos grandes
4 onzas de jamón bien picadito
1/4 taza de cebollines
1/4 taza de cilantro bien picado
1/2 taza de queso *cottage*

PREPARACIÓN

Precalienta el horno a 350 ° F. Mezcla todos los ingredientes y divide entre cuatro moldes engrasados. Añade sal y pimienta, y cubre los moldes con papel de aluminio. Hornea por 10 minutos, hasta que el huevo se haya cocinado.

INFORMACIÓN NUTRICIONAL

250 calorías
18 g de proteínas
7 g de grasa total
2 g de carbohidratos

2 g de fibra
0 g de azúcar añadida

ALMUERZO: ENSALADA VERANIEGA DE POLLO

Tiempo: 10 a 15 minutos
Porciones: 2
Ingredientes:
6 onzas de pollo (2 pechugas de pollo cocidas y deshuesadas)
3 tiras de tocino frito sin grasa y bien picadito
1/2 manzana, picada
3 cucharadas de arándanos secos
1/4 taza de yogur griego sin sabor
3 cucharadas de nueces picadas
1 cucharada de mostaza Dijon
1/2 cucharada de romero fresco picado
1 pizca de sal
1 pizca de pimienta
1/2 lechuga endivia

PREPARACIÓN

Mezcla el pollo, el tocino, las manzanas, los arándanos, el yogur griego, las nueces, la mostaza Dijon y el romero en un tazón grande para mezclar. Revuelve hasta que quede todo bien mezclado. Añade sal y pimienta al gusto. Sirve sobre las hojas de la lechuga endivia.

INFORMACIÓN NUTRICIONAL

400 calorías
30 g de proteína
15 g de grasa total

2.69 g de grasa saturada
30 g de carbohidratos
12 g de fibra
0 g de azúcar añadida

CENA: ESTOFADO DE RES SABROSO

Tiempo: 1 hora
Porciones: 6
Ingredientes:
4 tazas de apio picado
3 tazas de zanahorias cocidas
2 tazas de brócoli
2 cebollas medianas picaditas
3/4 taza de aceite de oliva
48 onzas (3 libras) de carne de cerdo sin hueso, cortado en trozos de 2 pulgadas
4 tazas de caldo de carne de res
Jugo de limón
2 dientes de ajo bien picadito
1 hoja de laurel

PREPARACIÓN

Corta el apio, la zanahoria y el brócoli, y ponlo todo a hervir hasta que estén suaves. Cuando los vegetales estén cocidos, sácalos del fuego y escúrrelos. En una sartén, a fuego alto, sofríe la cebolla, el ajo, y el aceite de oliva, y añade el cerdo para dorarlo. Cuando se dore, añade el caldo de carne. Deja que hierva y de inmediato baja a fuego mediano. Cubre y cocina así por 40 minutos. Añade los vegetales hervidos y, al momento de servir, sazona con un poco de limón.

INFORMACIÓN NUTRICIONAL

450 calorías
56 g de proteína
19 g de grasa total
15 g de carbohidratos
12 g de fibra
0 g de azúcar añadida

DÍA 7

DESAYUNO: *SMOOTHIE* DE FRESAS, COCO Y ALBAHACA

Tiempo: 5 minutos
Porciones: 1
Ingredientes:
1/2 taza de yogur de coco o vainilla
3/4 taza de leche de coco baja en grasa
1/2 taza de fresas
1/2 aguacate
7 hojas de albahaca
10 hojas de espinaca

PREPARACIÓN

Procesa los ingredientes en la licuadora hasta lograr una consistencia de batido. Sirve en un vaso bien frío.

INFORMACIÓN NUTRICIONAL

195 calorías
8 g de proteína

6 g de grasa total
22 g de carbohidratos
3 g de fibra
0 g de azúcar añadida

ALMUERZO: ENSALADA ASIÁTICA

Tiempo: 10 a 15 minutos
Porciones: 4 a 6 personas
Ingredientes:
2 onzas de fideos de arroz (*rice noodles*) (2 puños)
16 onzas de filetes de pollo
12 camarones (cocidos)
1 limón amarillo
1/4 de taza de cilantro picado
1/2 taza de pepino cortado en cubitos
1/2 taza de pimiento naranja cortado en juliana
4 tazas de verduras mixtas estilo *asian mix* para *stir fry*

PARA EL ADEREZO

2 cucharadas de aceite de sésamo
3 cucharadas de vinagre de arroz
1 cucharadita de semillas de sésamo
Salsa de soya al gusto

PREPARACIÓN

Cocina los fideos de arroz según las instrucciones del paquete. Sazona el pollo y los camarones con el jugo de 1/2 limón y combínalos con la mitad del cilantro. Marina de 15 minutos a 1 hora (también lo puedes preparar al momento de cocinar, aunque marinarlo le da muchísimo sabor). Combina todos los ingredientes del aderezo en un frasco con tapa cerrada y agita vigorosamente. Corta la mitad restante del limón en gajos para decorar. Mezcla los pepinos, pimientos, fideos, verduras y el pollo con el aderezo. Agrega sal y pimienta al gusto.

INFORMACIÓN NUTRICIONAL

431 calorías
26 g de proteína
18 g total de grasa
45 g de carbohidratos
5.9 g de fibra
0 g de azúcar añadida

CENA: SALMÓN CON QUINUA Y BRÓCOLI

Tiempo: 15 a 20 minutos
Porciones: 2
Ingredientes:
8 onzas de salmón
Jugo de 1/2 limón
1/2 taza de quinua
4 tazas de brócoli cortado en ramitos
2 cucharadas de aceite de oliva dividido
2 pizcas de sal
2 pizcas de pimienta

PREPARACIÓN

Precalienta una sartén o la parrilla a fuego medio. Engrasa ligeramente la superficie. Sazona los filetes de salmón con jugo de limón, aceite, sal y pimienta. Coloca el salmón sobre la sartén y cocínalo de 6 a 8 minutos por cada lado, o hasta que el pescado se desprenda en láminas con un tenedor.

PARA LA QUINUA Y EL BRÓCOLI

Cocina la quinua según las instrucciones del paquete. Coloca aproximadamente 1 pulgada de agua en una cacerola con un vaporizador (o cesta para cocinar verduras al vapor) y ponla a hervir. Añade el brócoli y tapa la cacerola. Cuece el brócoli al vapor de 4 a 5 minutos, hasta que esté tierno. Sazónalo con sal y pimienta y sirve.

OTRA OPCIÓN DE ACOMPAÑANTE: ESPÁRRAGOS AL VAPOR

2 tazas de espárragos (con la base cortada)

PREPARACIÓN

Añade 4 tazas de agua a una olla y ponla a hervir. Cuando el agua llegue al punto de ebullición, añade los espárragos o bien con un vaporizador (o cesta para cocinarlos al vapor) o colocados con cuidado en la olla. Tápalos y cocina de 5 a 6 minutos o hasta que estén tiernos. Sácalos, escúrrelos y sírvelos de inmediato.

INFORMACIÓN NUTRICIONAL

543 calorías
36 g de proteína
22 g de grasa total
3.59 g de grasa saturada
54 g de carbohidratos
9.4 g de fibra
0 g de azúcar añadida

DÍA 8

DESAYUNO: TOSTADA CAPRESA

Tiempo: 5 a 10 minutos
Porciones: 1
Ingredientes:
1 rebanada de pan integral (preferiblemente alto en fibra)
2 rebanadas de tomate
1 lasca de queso *mozzarella* (fresco)
1 cucharadita de aceite de oliva
1 hoja de albahaca (picada en tiras largas y finas)
Sal y pimienta al gusto

PREPARACIÓN

Tuesta la rebanada de pan. Pon el tomate y el queso sobre el pan tostado y aliña con el aceite de oliva, la sal y la pimienta. Sírvelo de inmediato.

INFORMACIÓN NUTRICIONAL

215 calorías
9 g de proteínas
4 g de grasa total
18 g de carbohidratos
4 g de fibra
0 g de azúcar añadida

ALMUERZO: ENSALADA DE *KALE* Y FRESAS

Tiempo: 20 minutos
Porciones: 4
Ingredientes:

5 tazas de *kale* fresco
1 cucharada de aceite de oliva
Jugo de 1 limón
1/8 cucharadita de sal
2 tazas de zanahorias ralladas
2 tazas de pepino picado
2 tazas de fresas picadas
1/2 taza de cebolla morada
1/4 taza de semillas de girasol

ADEREZO DE SALSA VERDE

1 taza de yogur sin sabor o mayonesa de aguacate
3/4 taza de crema agria (*sour cream*)
1/3 taza de cilantro picado
1/3 taza de estragón fresco
1/4 taza de cebollines picados
Sal y pimienta al gusto

PREPARACIÓN

El secreto para que el *kale* sepa mejor es tallar sus hojas y masajearlo con aceite de oliva, sal y jugo de limón. Esto hace que la hoja tenga un sabor diferente y se suavice. Mezcla todos los ingredientes de la ensalada. A continuación, prepara el aderezo verde y mézclalo con la ensalada.

INFORMACIÓN NUTRICIONAL

350 calorías
25 g de proteína
14 g de grasa total
2 g de grasa saturada
27 g de carbohidratos

18 g de fibra
0 g de azúcar añadida

CENA: KEBAB DE POLLO

Tiempo: 10 a 15 minutos
Porciones: 4
Ingredientes:
16 onzas (1 libra) de pollo cocido y cortado en trozos de 2 pulgadas
Brochetas de bambú para cocinar como pinchos

PARA EL ADOBO

1 taza de leche de coco
1/4 cucharadas de salsa de soya
1 1/2 taza de vinagre de arroz
2 ajos pelados
3 chiles enteros
3 hojas de laurel
1 1/2 cucharadita de pimienta molida
1/2 tazas de ají verde cortado en trozos de 2 pulgadas
1 cebolla morada cortada en pedazos de 2 pulgadas
3 mandarinas peladas, en gajos

PREPARACIÓN

Pon los palitos de bambú en agua de 20 a 30 minutos para evitar que se quemen al cocinarlos. Marina el pollo con todo el adobo y ponlo en el refrigerador 10 minutos o toda la noche. Ensarta en los palitos de bambú el pollo, ají verde, cebolla y mandarina, alternándolos. Pon los pinchos a cocinar en una sartén engrasada, volteándolos hasta que estén cocidos. Sirve dos pinchos por persona.

INFORMACIÓN NUTRICIONAL

350 calorías
25 g de proteína
14 g de grasa total
2 g de grasa saturada
27 g de carbohidratos
18 g de fibra
0 g de azúcar añadida

DÍA 9

DESAYUNO: AVENA CON FRUTAS Y NUECES

Tiempo: 5 a 10 minutos
Porciones: 1
Ingredientes:
1/2 taza de avena cocida
1/2 taza de leche de coco o almendra baja en grasa
1/2 onza de nueces o almendras
1 pizca de canela
1/4 cucharadita de extracto de vainilla

PREPARACIÓN

Cocina la avena en la leche de coco o almendra hasta conseguir la consistencia deseada. Añade el resto de los ingredientes y mézclalos antes de servir.

INFORMACIÓN NUTRICIONAL

150 calorías
5 g de proteína
27 g de grasa total
2 g de grasa saturada

4 g de fibra
0 g de azúcar añadida

ALMUERZO: BURRITO DE ESPINACA Y AGUACATE

Tiempo: 15 a 20 minutos
Porciones: 1
Ingredientes:
4 a 6 onzas de pechuga de pollo
1 taza de espinaca
1 cucharada de cilantro picadito
1 taza de frijoles negros
1/4 cucharadita de comino
1 tortilla integral mediana (50 calorías)
1/8 chile serrano (ají) bien picado
1/2 aguacate
1 cucharada de cebolla morada
2 cucharadas de queso feta

PREPARACIÓN

En un tazón, mezcla todos los ingredientes excepto los frijoles. Calienta los frijoles y mezclalos hasta que se hagan puré. Extiende la tortilla y pon una capa delgada de frijoles, después una de aguacate y por último el resto de los ingredientes. Envuelve la tortilla como burrito.

INFORMACIÓN NUTRICIONAL

370 calorías
32 g de proteína
11 g de grasa total

22 g de carbohidratos
12 g de fibra
0 g de azúcar añadida

CENA: PESCADO BLANCO CON ARROZ SALVAJE

Tiempo: 20 a 25 minutos
Porciones: 2
Ingredientes:
8 onzas de filete de pescado blanco
1/2 limón
1/2 taza de arroz salvaje (*wild rice*)
3 tazas de brócoli
1 taza de tomates cherry
4 dientes de ajo pelados
2 cucharadas de aceite de oliva dividido
2 pizcas de sal
2 pizcas de pimienta

PREPARACIÓN

Precalienta una sartén o parrilla a fuego medio. Engrásala ligeramente. Sazona los filetes de pescado con jugo de limón, aceite, pimienta y sal. Coloca el pescado sobre la parrilla o sartén y cocínalo de 6 a 8 minutos por cada lado, o hasta que el pescado se desprenda en láminas con un tenedor.

Si utilizas un horno, precalienta el horno. Coloca la lámina en la bandeja de hornear o en la sartén. Rocía el aceite y el jugo de limón sobre el pescado y sazona con sal y pimienta. Coloca el pescado en la sartén para asar, con la piel hacia abajo. Asa de 10 a 12 minutos o hasta que el pescado se desprenda con un tenedor. Sirve con limón cortado, si lo deseas.

ARROZ INTEGRAL

Cocina el arroz salvaje (*wild rice*) según las instrucciones del paquete, sirve en el plato y coloca encima el pescado.

INFORMACIÓN NUTRICIONAL

443 calorías
36 g de proteína
15 g de grasa total
3.59 g de grasa saturada
54 g de carbohidratos
9.4 g de fibra
0 g de azúcar añadida

DÍA 10

DESAYUNO: HUEVOS A LA MEXICANA

Ingredientes:
3 huevos
1 cucharada de cebolla morada finamente picada
1 cucharada de tomate picado
1 chile verde sin semillas (ají picante) rebanado finito
1 cucharada de aceite de oliva.
Una rebanada de queso fresco (panela) (opcional)

PREPARACIÓN

Sofríe en el aceite a fuego medio la cebolla y el chile picado, y cuando la cebolla esté transparente, añade el tomate y los huevos. Cocinálos revolviendo con frecuencia hasta lograr una consistencia a tu gusto. Sírvelos con una tortilla de maíz.

INFORMACIÓN NUTRICIONAL

340 calorías
8 g de proteínas
11 g de grasa total
2 g de grasa saturada
3 g de fibra
15 g de carbohidratos
0 g de azúcar añadida

ALMUERZO: ENSALADA DE TOMATE Y *ZUCCHINI*

Tiempo: 20 minutos
Porciones: 4
Ingredientes:
2 tazas de *zucchini* picadito
1 taza de maíz (elote)
1 taza de guisantes (*petit pois*, chícharos) verdes
3 cucharadas de cebolla morada picada
3 cucharadas de mayonesa de aceite de aguacate o de oliva
1 cucharada de crema agria (*sour cream*)
1 tomate rojo
1 tomate amarillo
1 cucharada de aceite de oliva
Una pizca de sal al gusto

PREPARACIÓN

Calienta el aceite en una sartén a fuego lento. Saltea el *zucchini*, maíz (elote), guisantes y cebolla. En un tazón pequeño, mezcla la crema agria, la mayonesa y la sal. En un plato, pon el tomate rojo y amarillo en capas, y añade la mezcla de *zucchini*, maíz y guisantes verdes con cebolla encima. Adereza con la salsa de crema agria y mayonesa.

INFORMACIÓN NUTRICIONAL

240 calorías
7 g de proteínas
7 g de grasa total
2 g de grasa saturada
32 g de carbohidratos
6 g de fibra
0 g de azúcar añadida

CENA: POLLO A LA JARDINERA

Tiempo: 15 a 25 minutos
Porciones: 2
Ingredientes:
1/2 cucharada de aceite de oliva
1/2 libra (8 onzas) de pechuga de pollo crudo, fileteado
1 cucharadita de pimentón dulce
1/2 cucharadita de orégano seco
1/2 cucharadita de tomillo seco
1/2 cucharadita de albahaca seca
1/2 cebolla cortada en rodajas
1 *zucchini* verde cortado en rodajas
1 *zucchini* amarillo cortado en rodajas
1 pimiento rojo cortado en rodajas
1 taza de brócoli
1 cucharada de ajo picado
1/4 taza de vino blanco
1/4 taza de queso parmesano rallado
1 pizca de sal
1 pizca de pimienta

PREPARACIÓN

Precalienta el horno a 400 ° F. En un tazón, mezcla el pimentón, el orégano, el tomillo y la albahaca. Sazona el pollo con sal y pimienta y luego condiméntalo con la mezcla anterior.

Precalienta una cacerola grande a fuego medio-alto. Añade una pequeña cantidad de aceite y sofríe el pollo 2 minutos por lado. Después mételo en la cacerola al horno precalentado y cocínalo de 15 a 20 minutos. Cuando el pollo esté listo, saca la olla del horno, retira el pollo y vuélvela a poner sobre la estufa con otro poco de aceite. Saltea las verduras a fuego medio alto por 3 a 4 minutos, luego añade el ajo y cocina 1 minuto más. Resérvalas aparte. Vierte el vino en la cacerola. El vino hará una salsa con lo que se cocinó allí previamente. Revuelve frecuentemente y agrega más vino si es necesario. Rebana el pollo y mézclalo con las verduras. Decora con queso parmesano y sírvelo caliente.

DÍA 11

DESAYUNO: JUGO VERDE DIFERENTE

Tiempo: 15 minutos
Porciones: 2
Ingredientes:
1 taza de espinaca
2 ramas de apio
2 manzanas verdes
2 pepinos pequeños
1 limón
2 cucharadas de jengibre fresco rallado
1 cucharadita de chía
1/2 cucharadita de cúrcuma (*turmeric*)

PREPARACIÓN

Lava bien todos los ingredientes. Licúa o tritúralos en un extractor (*juicer*). Si no tienes extractor y tu licuadora no es potente, debes pelar el pepino y el limón para evitar problemas.

INFORMACIÓN NUTRICIONAL

130 calorías
12 g de proteína
4 g de grasa total
0 g de grasa saturada
22 g de carbohidratos
0 g de azúcar añadida

ALMUERZO: HAMBURGUESA DE RES SIN GRASA

Tiempo: 10 a 20 minutos
Porciones: 1
Ingredientes:
2 rebanadas de pan integral
1 ración de carne (de hamburguesa baja en grasa)
3 rodajas pequeñas de cebolla morada
3 rodajas de tomate
1/2 taza de lechuga o espinaca
1/4 taza queso *mozzarella*
1/4 taza de queso
Aguacate picado en lascas, al gusto
1 cucharita de aceite de oliva virgen
Sal y pimienta

PREPARACIÓN

Cocina la carne a la plancha al punto que prefieras. Monta tu hamburguesa dentro del pan integral, añadiendo el resto de los ingredientes. Sazona con sal, pimienta y aceite de oliva, y decora con la lechuga o espinaca.

INFORMACIÓN NUTRICIONAL

425 calorías
42 g de proteína
18 g de grasa total
3 g de grasa saturada
30 g de carbohidratos
4 g de fibra
0 g de azúcar añadida

CENA: FIDEOS DE CALABACÍN CON CAMARONES

Tiempo: 30 minutos
Porciones: 2
Ingredientes:
1 1/2 taza de fideos de calabacín (*zucchini*) cocidos
6 camarones medianos cocidos
1/4 taza de salsa de soya baja en sodio
1/4 taza de aceite de sésamo o de oliva
1 cucharadita de jugo de limón
1/2 cucharadita de jengibre fresco rayado
1 cabeza de ajo pelado
Pimienta (al gusto)
1/4 taza de perejil
1/4 taza de cebolla picada en juliana

1/4 taza de pimientos rojos picados en juliana
2 cucharadas de queso parmesano rayado

PREPARACIÓN

Saltea los camarones con el ajo, aceite, cebolla, pimientos, salsa de soya, jugo de limón, jengibre, sal y pimienta al gusto por 4 a 5 minutos. Déjalos enfriar.

Saltea los fideos de calabacín durante un minuto. Añade los camarones y sírvelos decorando el platillo con el perejil y el queso parmesano.

INFORMACIÓN NUTRICIONAL

217 calorías
7 g de proteína
6 g de grasa total
2 g de grasa saturada
15 g de carbohidratos
2 g de fibra
0 g de azúcar añadida

DÍA 12

DESAYUNO: *OMELETTE* CON JAMÓN Y QUESO

Tiempo: 5 a 10 minutos
Porciones: 1
Ingredientes:
1 huevo
1 onza de queso *mozzarella*
2 lascas de jamón de pavo
1/4 cucharada de aceite de oliva

PREPARACIÓN

En un tazón, bate los huevos y ponles una pizca de sal. Aparte, calienta una sartén a fuego medio con el aceite de oliva y las lascas de jamón finamente picado. Sácalas e incorpora el jamón a los huevos. Con la sartén caliente, vierte los huevos con el jamón y espera a que vayan cociéndose mientras, con cuidado, se separan los bordes de la sartén. Cuando estén cocidos, voltea la tortilla y, antes de servir, ponle el queso *mozzarella*. Ciérrala con la ayuda de una espátula, como si fuese una empanada, para que el queso se derrita con el calor. Sirve inmediatamente.

INFORMACIÓN NUTRICIONAL

313 calorías
21 g de proteína
7g de grasa total
2 g de grasa saturada
0 g de carbohidratos
0 g de fibra
0 g de azúcar añadida

ALMUERZO: ATÚN EN CAZUELA DE AGUACATE

Tiempo: 10 a 15 minutos
Porciones: 2
Ingredientes:
3 cucharadas de atún blanco
2 cucharaditas de aderezo de aceite de oliva, mostaza, limón y sal
1/2 taza de lechuga rebanada finita
4 rodajas de tomate picado finamente

4 rodajas de pepino picado finamente
1 aguacate partido a la mitad

PREPARACIÓN

Mezcla el atún, la lechuga, el tomate, el pepino y el aderezo hecho con aceite de oliva, mostaza, limón y sal al gusto. Rellena el medio aguacate con la ensalada de atún. Sírvelo frío.

INFORMACIÓN NUTRICIONAL

250 calorías
21 g de proteína
3 g de grasa total
0.5 g de grasa saturada
7 g de carbohidratos
2 g de fibra
0 g de azúcar añadida

CENA: LOMO SOBRE ARROZ DE COLIFLOR

Tiempo: 20 a 30 minutos
Porciones: 2
Ingredientes:
1/2 libra de filete de lomo cortado en rodajas finas
1/2 cucharada de aceite de aguacate
1/2 taza de brócoli picado
1/2 pimiento en rodajas
1/2 diente de ajo picado
1/2 cucharadita de jengibre rallado

PREPARACIÓN

Calienta el aceite en una sartén antiadherente grande a fuego medio-alto. Cocina el lomo durante cinco minutos, retíralo del fuego y ponlo aparte, manteniéndolo caliente. Saltea los vegetales hasta que estén cocidos.

Para la salsa:

1 cucharada de crema de coco

1/2 cucharada de jugo de limón

1/2 cucharadita de ajonjolí

1/2 cucharadita de jengibre rallado

PREPARACIÓN

Mezcla todos los ingredientes en una cacerola pequeña y cocina a fuego bajo hasta que tome una consistencia medio espesa. Vierte la salsa encima de la carne y termina de cocinarla en la sartén.

Para el arroz de coliflor:

1 taza de arroz de coliflor

1/2 cucharadita de aceite de aguacate

PREPARACIÓN

En una sartén diferente, calienta el aceite a fuego medio-alto y agrega el arroz de coliflor y revuelve por 2 a 3 minutos hasta que se cocine. Sazónalo con sal y pimienta. Sirve el lomo sobre el arroz de coliflor.

INFORMACIÓN NUTRICIONAL

300 calorías

28 g de proteína

14 g de grasa total

2 g de grasa saturada

27 g de carbohidratos

8 g de fibra

0 g de azúcar

DÍA 13

DESAYUNO: *FRITTATA* DE ESPÁRRAGOS, HONGOS Y QUESO DE CABRA

Tiempo: 10 a 15 minutos
Porciones: 2
Ingredientes:
2 huevos
1 cucharadita de agua o leche
Pizca de sal kosher
Spray para cocinar o 1 cucharada de mantequilla
2-3 champiñones cortados en rodajas
4-5 espárragos cortados en rodajas de media pulgada
1 cucharada de cebolla verde picada
2 cucharadas de queso de cabra

PREPARACIÓN

Precalienta el horno o el horno tostador para asar. Rocía una sartén de 7 a 8 pulgadas con spray para cocinar y calienta a fuego medio. Añade los champiñones rebanados y cocina durante 2 a 3 minutos, revolviendo constantemente. Añade los espárragos y cocina por 1 a 2 minutos más.

Bate los huevos en un tazón con 1 cucharadita de agua y la pizca de sal kosher hasta que queden espumosos. Viértelos en la mezcla de hongos y espinacas, y añade la cebolla verde y el queso de cabra. Cocina en el horno en un molde hasta que las orillas se cuezan y comiencen a desprenderse. Con cuidado y con la ayuda de un tenedor, remueve lentamente de manera que todo se cocine uniformemente.

Sigue la cocción hasta que los huevos se hayan cocinado. Sácalos del horno y espolvorea con más queso de cabra, si lo deseas. Corta y sirve la *frittata* caliente o a temperatura ambiente.

INFORMACIÓN NUTRICIONAL

260 calorías
16 g de proteína
10 g de grasa total
3.2 g de grasa saturada
5 g de carbohidratos
2 g de fibra
0 g de azúcar añadida

ALMUERZO: TOSTADAS DE AGUACATE CON PAVO Y QUESO

Tiempo: 5 minutos
Porciones: 2
Ingredientes:
2 rebanadas de pan integral (alto en fibra)
1 aguacate maduro, pequeño
1 cucharadita de cebolla picada finamente
1/2 cucharadita de cilantro picado finamente
4 cucharaditas de sal
3 onzas de pavo
1 onza de queso *provolone*

PREPARACIÓN

Prepara un puré con el aguacate maduro, la sal, la cebolla y el cilantro. Calienta las rebanadas de pan hasta tostarlas al gusto y ponles una capa de aguacate, una lasca de pavo y otra de queso *provolone*. Para disfrutarla más, ¡pártela por la mitad y cómela despacio!

INFORMACIÓN NUTRICIONAL

275 calorías
14 g de proteína
4 g de grasa total
2 g de grasa saturada
15 g de carbohidratos
7 g de fibra
0 g de azúcar añadida

CENA: ESPAGUETIS DE *ZUCCHINI* CON ALBÓNDIGAS DE CARNE

Tiempo: 30 minutos
Porciones: 4
Ingredientes:
1 libra (16 onzas) de carne de res magra molida
1 cebolla morada picadita
1/4 taza de perejil picado finamente
1 cucharadita de chía
2 cucharadas de avena cruda
1 cucharada de aceite de oliva
2 dientes de ajo picaditos
3 cucharaditas de queso parmesano
Sal al gusto
3 tazas de *zucchini* en espiral
2 tazas de salsa de tomate para los espaguetis

PREPARACIÓN

Precalienta el horno 375 ° F. En una sartén, calienta el aceite de oliva a fuego medio y sofríe ahí la cebolla y el ajo. En un tazón, pon todos los ingredientes, incluidos la cebolla y el ajo sofritos, y forma las albóndigas con las manos.

Hornea las albóndigas por 20 minutos sobre una charola para galletas engrasada. Hierve los espaguetis de *zucchini* hasta que estén cocidos pero firmes, aproximadamente 2 minutos. Por separado, mezcla la salsa de tomate y las albóndigas previamente horneadas. Cuando estén sazonadas con la salsa, sirve las albóndigas sobre el espagueti. Espolvorea con queso parmesano.

INFORMACIÓN NUTRICIONAL

230 calorías
56 g de proteína
14 g de grasa total
6 g de grasa saturada
18 g de carbohidratos
10 g de fibra
0 g de azúcar añadida

DÍA 14

DESAYUNO: TOSTADA DE AGUACATE CON SALMÓN AHUMADO

Tiempo: 10 a 15 minutos
Porciones: 1
Ingredientes:
1/4 de aguacate
1/4 de jugo de limón
1/4 de chalote (*shallot*) pelado cortado finito
1/4 cucharadas de cebollín picado
1 rebanada de pan integral
1 onza de salmón ahumado
1/2 cucharada de semillas de girasol

PREPARACIÓN

Tritura y mezcla con un tenedor los aguacates, el cebollín y el chalote en un tazón pequeño. Tuesta el pan de tu gusto. Esparce uniformemente esta mezcla sobre el pan, pon encima una rebanada de salmón ahumado y semillas de girasol.

INFORMACIÓN NUTRICIONAL

199 calorías
8 g de proteína
6 g de grasa total
1 g de grasa saturada
32 g de carbohidratos
4 g de fibra
0 g de azúcar añadida

ALMUERZO: TACOS DE CARNE CON ADEREZO DE PEPINO

Tiempo: 15 a 20 minutos
Porciones: 2
Ingredientes:
1 cucharada de aceite de oliva, dividida en dos
16 onzas (1 libra) de solomillo (carne de res)
1 pizca de sal al gusto
1 pizca de pimienta al gusto
1 pepino pelado, en corte juliana
1/2 chile jalapeño picado finamente (sin semillas)
Jugo de 1 limón
4 tortillas de maíz, calientes
1/2 aguacate (opcional), cortado en rodajas

PREPARACIÓN

Calienta el aceite en una sartén grande a fuego alto. Sazona el filete con la sal y pimienta y cocina unos 5 minutos por cada lado hasta que esté a tu gusto. Para los tacos, generalmente la carne debe estar bien cocida. Deja reposar por lo menos cinco minutos después de haberla cocinado.

Mientras tanto, en un tazón mezcla el pepino, el chile jalapeño, el jugo de limón y el aceite restante. Sazona con sal. Corta la carne en trozos pequeñitos y sírvelo sobre las tortillas de maíz. Al final, añádele la salsa de pepino y decora con rodajas de aguacate.

CENA: LOMO DE RES CON SALSA DE HONGOS

Tiempo: 15 a 20 minutos
Porciones: 1
Ingredientes:
1 filete de 8 onzas (1/2 libra) de lomo de res de 1 1/2 pulgada de grueso
1 taza de hongos (champiñones) picados en rodajas
1/4 cucharadita de pimienta
1/4 taza de ajo picado en miniatura
2 cucharadas de vino blanco seco o caldo de res
1/2 taza de crema agria (*sour cream*) baja en grasa
3 cucharadas de mantequilla baja en sal o aceite de oliva

PREPARACIÓN

En una sartén, derrite una cucharada de mantequilla o aceite de oliva a fuego medio-alto. Sazona los filetes con sal y pimienta, cocínalos a tu gusto por lo menos durante 6 minutos, dándoles la vuelta hasta que se doren bien, y luego reduce a fuego bajo.

Cocínalos tapados de 6 a 8 minutos para término medio. Pon los filetes aparte en una bandeja y tápala para que no se enfríen.

Agrega a la sartén dos cucharaditas de mantequilla o aceite de oliva y ajo. Sofríe de 3 a 4 minutos, revolviendo en ocasiones y raspando para retirar cualquier resto de carne. En esa misma sartén, cocina los hongos (champiñones) hasta que estén blandos. Añade el vino y la crema agria hasta que la mezcla suelte hervor, y luego reduce el calor y deja cocinar entre 15 y 20 minutos, hasta que la mezcla se espese, revolviendo constantemente. Sirve los filetes rociados con la salsa de hongos. Puedes acompañarlos con vegetales.

INFORMACIÓN NUTRICIONAL

550 calorías
56 g de proteína
4.5 g de grasa total
3 g de grasa saturada
25 g de carbohidratos
1 g de fibra
0 g de azúcar añadida

LAS RECETAS QUE ME SALVAN...

Soy buena cocinera... y de eso dan fe mis amigos y familia. Pero también soy una gordita mental que ama la comida sabrosa. No me importa si se trata de un plato de arroz con frijoles o el mejor platillo *gourmet*. Para mí lo que importa es el sabor.

Me confieso una chef frustrada. Con esto les digo que al salir de la cirugía y empezar a comer, supe (y muy bien) que tendría que valerme de platillos que me supieran deliciosos en medio de las limitaciones y cuyos ingredientes encontrara fácilmente en un supermercado cercano...

Y así lo hice. Aquí les comparto lo que son mis recetas salvadoras y que me ayudaron en los primeros meses (y lo siguen haciendo). Las cocino y las guardo en el refrigerador.

Cuando voy a Connecticut a ver a Antonietta siempre se las preparo y hasta se las dejo congeladas para que se las pueda comer a la hora que quiera. ¡No saben cuánto me ayudaron! Son sacadas de muchos lados pero mejoradas con mi sazón.

Aquí las tienen...

SOPA DE POLLO Y VEGETALES

Tiempo: 60 minutos
Porciones: 6 a 10 personas

Ingredientes:
1 caja de consomé (líquido) de pollo (orgánico)
1/2 cebolla rebanada finamente
1 *zucchini* rebanado finamente
1 papa picada finamente
1 zanahoria picada finamente
1/2 col blanca rebanada finamente
1/4 de taza de arroz blanco lavado
Medio manojo de cilantro
Ajo y sal al gusto
Una cucharada de aceite
1 pollo rostizado (asado, sin sabor, al horno) y desmenuzado, sin piel (yo utilizo únicamente la pechuga, pero es al gusto)
1 aguacate en rebanadas
1 chile jalapeño

PREPARACIÓN

En una cacerola de sopa, pon a freír en el aceite la cebolla y la col hasta que queden transparentes, luego añade el ajo y el consomé líquido. Sazona con sal, y agrega el manojo de cilantro picadito y el chile jalapeño entero, solo para que dé sabor.

Hierve a fuego alto hasta que suelte el hervor. Baja el fuego a medio-bajo y añade el pollo, el arroz y los vegetales. Tapa la cacerola y sigue cocinando, probando el punto de la sazón siempre. Deja hervir hasta que los vegetales estén suaves.

Si hace falta líquido, añade otra lata de caldo o de agua y sigue hirviendo para que todo se sazone uniformemente. Sírvelo con trozos de aguacate.

NOTA: En la etapa de los purés, esta sopa se puede licuar perfectamente para convertirla en una deliciosa crema.

SOPA DE POLLO CON MAÍZ TIPO POZOLE

Tiempo: 60 minutos

Porciones: 6 a 10

Ingredientes:

1 o 2 botes de 32 onzas de caldo de pollo orgánico

2 latas de maíz para pozole mexicano (se llama Hominy en inglés)

1 pollo rostizado y deshebrado finamente

1 cebolla finamente picada

6 dientes de ajo fresco (grandotes)

1/2 racimo de cilantro fresco

2 chiles poblanos grandes (desvenados y sin pepitas)

2 latas pequeñas de salsa de tomate (estilo español)

PREPARACIÓN

Sofríe en aceite la cebolla, el ajo y los chiles poblanos. Cuando estén listos la cebolla y el chile, agrega la salsa de tomate. Añade el caldo de pollo líquido, luego el pollo deshebrado y sin piel y por último el maíz para pozole. Hierve durante media hora a fuego medio.

NOTA: Cuando lo sirvas, puedes poner una guarnición de aguacate en cubitos, cebolla, chile, limón, rábanos en cuadritos, lechuga rebanada, y/o orégano seco.

SOPA ESPAÑOLA DE POLLO, PUERRO Y PAPA

Tiempo: 60 minutos

Porciones: 6 a 10

Ingredientes:

1 o 2 botes de 32 onzas de caldo de pollo orgánico

4 papas medianas
4 puerros
2 hojas de laurel
1/2 manojo de cilantro
Caldo de pollo en polvo para sazonar
Aceite de oliva

PREPARACIÓN

Pela y corta las papas en cuadrados y el puerro en rodajas. En una olla honda, pon el caldo a hervir y colócale las papas, el puerro, el cilantro, las hojas de laurel y el aceite de oliva. Sazona con el caldo de pollo en polvo y cuida el guiso hasta que todo esté cocido y súper suavecito. Si hace falta más caldo para que la consistencia sea caldosa, añade más caldo de pollo del bote. Sírvelo calientito.

NOTA: En la etapa de los purés, esta sopa se puede licuar perfectamente para convertirla en una deliciosa crema.

SOPA DE POLLO CON ARROZ, MAÍZ Y CHILES POBLANOS

Tiempo: 60 minutos
Porciones: 6 a 10
Ingredientes:
1 bote de cartón de 32 onzas de consomé de pollo orgánico
1 pollo rostizado sin sabor, desmenuzado finamente
1 lata de maíz en grano
3 chiles poblanos (sin venas ni semillas)
1/2 taza de arroz lavado
Consomé de pollo en polvo para sazonar
1 cebolla picada finamente
Ajo fresco al gusto, picado finamente
1/2 racimo de cilantro, picado muy finamente
Aceite de oliva al gusto

PREPARACIÓN

En una olla, sofríe la cebolla y los chiles poblanos sin venas ni semillas, y cortados finamente. Cuando estén cocidos, añade el caldo de pollo, el maíz en grano, el arroz, el ajo, el cilantro y un chorro de aceite de oliva. Cocina durante media hora verificando el líquido constantemente. Si hace falta, añade más caldo de pollo. Puedes servirlo con limón al lado y un poco de aguacate.

NOTA: En la etapa de los purés, esta sopa se puede licuar perfectamente para convertirla en una deliciosa crema.

SOPA DE BRÓCOLI O CHÍCHAROS (PETIT POIS) O ESPÁRRAGOS

Tiempo: 60 minutos
Porciones: 6 a 10
Ingredientes:
1 bote de cartón de 32 onzas de consomé de pollo orgánico
1/2 media cebolla picada finamente
2 tazas de brócoli cocido [o pueden ser chícharos, arvejas (*petit pois*) o espárragos]
1 chile poblano (sin venas ni semillas)
1/4 de manojo de cilantro
Ajo fresco picado al gusto
Consomé de pollo para sazonar
Aceite para freír la cebolla
1 taza de leche (puede ser crema)

PREPARACIÓN

Licúa la mitad del caldo de pollo, el brócoli y el cilantro. Reserva. Sofríe en una cazuela la cebolla con el chile poblano y el ajo picadito. Cuando la cebolla esté transparente, añade el puré de vegetal licuado. Deja hervir hasta que obtengas una textura uniforme. Si está muy ligera, añade más vegetal licuado, y si está muy espesa, añade más caldo. Una vez que tengas la consistencia que buscas, retira la sopa del fuego y añade la leche o la crema. Verifica el punto de sal y sirve.

LENTEJAS A LA COLLINS

Tiempo: 40 minutos
Porciones: 6 a 10
Ingredientes:
1 o 2 botes de cartón de 32 onzas de consomé de pollo orgánico
2 latas de lentejas cocidas
1/2 cebolla finamente picada
Ajo fresco picadito (al gusto)
1 lata pequeña de salsa de tomate sazonado
1 chorizo
4 a 6 huevos
Aceite de oliva extra virgen

PREPARACIÓN

En una cazuela honda, sofríe la cebolla y el chorizo con un poco de aceite de oliva. Cuando esté transparente la cebolla, añade las lentejas, el caldo de pollo, el ajo, la lata de salsa de tomate y ponlos a hervir durante veinte minutos a fuego medio. En este punto, para lograr el mejor sabor, yo le añado el aceite de oliva al gusto. Cuando las lentejas estén hirviendo, añade uno a uno los huevos enteros hasta que se cuezan en la mezcla. Generalmente se agrega uno por comensal. Sirve con un huevo por plato y un chorrito de aceite de oliva.

PESCADO A LA VERACRUZANA (versión MAC)

Tiempo: 40 minutos
Porciones: 6

Ingredientes:
6 filetes de pescado (el pescado blanco es mi favorito)
2 limones verdes
1 lata de tomate hervido y troceado
1 cebolla picada finamente
1 pimiento rojo cortado en trocitos pequeños
1 frasco pequeño de aceitunas
1 frasco pequeño de alcaparras
12 rebanadas de queso amarillo americano
1/2 manojo de perejil picado finamente
Sal y pimienta al gusto
Aceite de oliva al gusto
6 cuadrados de papel de aluminio (con tamaño suficiente para poner en el centro el pescado y la salsa)

PREPARACIÓN

Sazona los filetes con limón, sal y pimienta, y ponlos a reposar mientras se prepara la salsa. En una olla, fríe en aceite de oliva la cebolla y el pimiento rojo hasta que estén cocidos. Añádeles el tomate (que se machacará dentro de la olla), el ajo y el perejil picadito. Agrega las aceitunas, la mitad del frasquito de alcaparras (previamente hechas puré) y deja hervir a fuego bajo unos 15 minutos, cuidando que la mezcla no se queme ni se reseque. Verifica el punto de sal y retira del fuego.

Corta el papel de aluminio en cuadrados grandes donde quepa el filete de pescado. Pon en el centro de cada uno un chorro de aceite de oliva, encima un filete de pescado, y después una o dos rebanadas de queso americano. Luego agrega por encima una cucharada grande de la salsa de tomate preparada. Cierra el papel de aluminio, sellándolo en todos los bordes. Coloca todos los filetes en una charola de hornear y hornea por 25 a 30 minutos a 350 ° F. Sirve con arroz blanco.

POLLO CON MANTEQUILLA Y MOSTAZA (de mi mamá)

Tiempo: 60 minutos
Porciones: 4
Ingredientes:
4 piezas de pollo (usualmente yo uso pechuga, pero es al gusto de cada quien; las pechugas se parten en mitades o en cuartos)
1/2 taza de mantequilla
1 cebolla finamente picada
4 papas blancas (peladas y cortadas en cuatro partes)
1 bote de caldo de pollo líquido orgánico
1/4 de taza de mostaza regular
Ajo al gusto
Sal y pimienta al gusto
Aceite de oliva al gusto

PREPARACIÓN

Sazona las piezas de pollo y sofríelas en la mantequilla, donde también añadirás la cebolla. Cocina por 10 a 15 minutos a fuego medio. En una charola aparte, prepara una taza de caldo y disuelve ahí la mostaza y un poco de sal. Vierte sobre el pollo y añade el resto del caldo. Añade las papas, chequea el punto de sal, agrega el aceite de oliva y tapa todo para su cocción por 30 a 45 minutos más a fuego medio-bajo. Revuelve frecuentemente para cuidar la cocción y para que no se pegue, hasta que las papas y el pollo estén suaves y cocidos, y la salsa haya espesado.

POLLO CIRUELÓN

Tiempo: 60 minutos
Porciones: 6 a 10

Ingredientes:

1 o 2 libras de pollo

2 latas de salsa de tomate estilo español

1 cebolla chica

4 a 6 dientes de ajo

3 rebanadas de pan frito (ver debajo)

1 taza de ciruelas pasas sin hueso (alrededor de 17)

Pimienta molida (al gusto)

Sal (al gusto)

1/4 de taza de vinagre blanco

1 bote de caldo de pollo líquido

1 cucharada de caldo de pollo en polvo

PREPARACIÓN

Muele los ajos con la pimienta, la sal y el vinagre, y con esto se adoba el pollo y se deja reposar una hora. Después, fríe las piezas hasta dorarlas. Aparte, fríe las rebanadas de pan en aceite y pon a hervir las ciruelas pasas, y después muélelas en la licuadora con la cebolla y el pan. Pon en una olla un poco de aceite, sofríe la mezcla y después coloca ahí el pollo. Pon caldo de pollo líquido, tápalo y ponlo a fuego medio. Cuando esté hirviendo, baja el fuego y déjalo cocer hasta que esté totalmente suave. Sirve con arroz blanco.

TORTITAS DE COLIFLOR A LA MEXICANA

Tiempo: 40 minutos

Porciones: 6 a 10

Ingredientes:

2 coliflores cocidas y cortadas en ramitos

1 lata de salsa de tomate estilo español

1 lata de puré de tomate de 28 onzas

1 cebolla cortada finamente en cuadritos pequeñísimos
1 cucharadita de ajo picado
3 hojas de laurel
6 huevos levantados a punto de turrón
1 cucharada de caldo de pollo en polvo
2 cucharadas de chipotle en salsa
1/2 taza de aceite de freir
Sal y pimienta al gusto

PREPARACIÓN

Cuece la coliflor con sal, partiéndola cuidadosamente en ramitos. No dejes que quede suave. Aparte prepara el sofrito con la cebolla. Cuando esta se encuentre suave, añade el puré de tomate, el tomate estilo español, el ajo, el caldo de pollo en polvo, una taza de agua y el chipotle y pon todo a hervir hasta que se sazone verificando el punto de la sal. Si le falta, añádesela.

Levanta las claras de huevo a punto de turrón y después pon una a una las yemas. Sumerge en esta mezcla uno a uno los ramitos y ve poniéndola en una sartén previamente caliente con el aceite, dorando de un lado y del otro. Saca las coliflores y ponlas sobre servilletas de cocina para que quede en ellas la grasa, y después colócalas en la salsa. Hiérvelas a fuego bajo por 15 minutos. Sírvelas acompañadas de arroz blanco.

DESMECHADAS DE CARNE EN SALSA

Tiempo: 60 minutos
Porciones: 6 a 10
Ingredientes:
3 libras de falda deshebrada
1 lata de salsa de tomate estilo español de 8 onzas
1 cebolla cortada finamente en cuadritos pequeñísimos

1 cucharadita de ajo picado
3 hojas de laurel
6 huevos levantados a punto de turrón
1 cucharada de caldo de pollo en polvo
1 bote de caldo de pollo líquido de 32 onzas
2 cucharadas de chipotle en salsa
1/2 taza de aceite de freír

PREPARACIÓN

Cuece la carne con sal, la cebolla y las hojas de laurel y desmenúzala, deshebrándola sin grasa. Prepara el sofrito con la cebolla. Cuando esta se encuentre suave añádele el tomate, el ajo, el caldo de pollo en polvo y líquido, el chipotle, y pon todo a hervir hasta que se sazone, verificando el punto de la sal. Si le falta, añádesela.

Levanta las claras de huevo a punto de turrón y después pon una a una las yemas. Luego añádelas a la carne mezclándola cuidadosamente. En una sartén caliente con un poco del aceite, ve poniendo cucharadas de la mezcla dorándolas de un lado y del otro. Sácalas y ponlas sobre servilletas de cocina o toallas de papel para que quede en ellas la grasa y luego coloca las desmechadas en la salsa. Hiérvelas a fuego bajo por quince minutos. Sírvelas acompañadas de arroz blanco.

"HUEVOS POBRES QUE SABEN RICO"

Tiempo: 15 minutos
Porciones: 4
Ingredientes:
2-3 chiles poblanos (asados, desvenados y sin semilla)
1 libra de tomate rojo del pequeño (cocidos para licuar)
1 lata de salsa de tomate estilo español
2 papas cortadas en cuadritos

1/2 cebolla picada finamente
1/2 cebolla cortada en trozos (para licuarla)
4 ajos picaditos finamente
1/2 manojo de perejil picado finamente
1 cucharadita de consomé en polvo
6 a 8 huevos (uno por persona)
Sal al gusto
Aceite para cocinar

PREPARACIÓN

Coloca los chiles poblanos en un comal o una sartén caliente y cocina hasta que estén asados. Ponlos de inmediato dentro de una bolsa de plástico para que con el calor la piel se desprenda. Cierra la bolsa hasta que suden. Quítales la piel transparente y con cuidado ábrelos por una parte, quita lo que esté tostado, el rabo de cada chile, las semillas y las venas. Lávalos y después córtalos en tiras finitas. Pon a cocer las papas en agua con un poco de sal. Pon a hervir los tomates con 2 tazas de agua a fuego alto hasta que estén cocidos. Déjalos enfriar, luego licúalos con la cebolla, el ajo, la sal y un poco del agua donde se cocieron. Pon aceite en una cacerola y sofríe la cebolla picada y las tiras de poblano hasta que se cuezan. Añade la salsa de tomate y las papas que estarán medio cocidas para que todo se sazone. Tapa la cacerola y pon a fuego mediano durante 10 a 15 min o hasta que las papas estén cocidas. Verifica que la salsa no esté totalmente espesa sino que sea caldosa y que siga hirviendo. Ve poniendo ahí, uno a uno, los huevos hasta que se cocinen. Para que el huevo quede entero, pon uno a uno en un plato y de ahí viértelos a la cazuela hirviendo. Baja el calor, tapa la olla y déjalos que se cuezan al gusto. Se sirven con arroz blanco.

PASTELÓN DE PAPA Y PICADILLO

Tiempo: 60 minutos
Porciones: 6 a 10
Ingredientes:
1 bolsa de papas rosadas (5 libras) cocidas y machacadas
1 lata de crema de leche
1/2 taza de mantequilla
1 1/2 taza de leche
1/2 taza de mayonesa
2 tazas (1 paquete 8 onzas) de queso mozarella rallado
2 libras de carne molida
1/2 cebolla finamente picada
1 cucharada consomé de pollo en polvo
2 latitas de salsa de tomate estilo español
1 frasco pequeño de aceitunas sin hueso
1 cucharadita de ajo picado finamente
1/2 manojo de cilantro

PREPARACIÓN

Son dos guisados que se preparan. Primero hierve y después pela y machaca las papas para hacerlas puré finamente, sin grumos. Poco a poco, mientras revuelves, ve añadiendo la leche, la mantequilla, la media crema y, finalmente, la mayonesa. Sazona con sal y pimienta al gusto. El puré debe quedar consistente, no aguado o demasiado seco. Se va a usar como la masa del pastelón. Por separado, fríe en su propia grasa la carne molida con la cebolla y el ajo, deshaciendo los grumos y dejándola uniforme. Después, mientras revuelves, añade la salsa de tomate, el cilantro picadito finamente, el consomé en polvo y las aceitunas. Prueba el punto de la sal que es la sazón. Verifica si le hace falta y añade un poco, así como pimienta negra al gusto.

Cocina el picadillo tapado durante 25 minutos a fuego bajito. Después, retíralo del fuego y quítale el exceso de líquido. Aparte, en moldes refractarios —pueden ser de cristal o de aluminio desechables— pon una capa generosa de puré de papa perfectamente extendido y compacto. Rocía encima una buena cantidad de picadillo y tápalo con otra capa de puré de papa. Finalmente, cúbrelo con queso mozarella. Hornéalo a 375 ° F por 10 a 12 minutos, o hasta que el queso esté dorado y derretido. Déjalo enfriar para cortarlo. Sirve con ensalada de lechuga, cebolla y tomate.

TAMBIÉN DE

MARÍA ANTONIETA COLLINS

¿MUERTA?... ¡PERO DE LA RISA!

Con el candor de siempre, y la honestidad y el humor que la definen, María Antonieta Collins relata cómo su carrera periodística se esfumó de repente pero regresó mejor que nunca. Escribe sobre el camino espiritual que la ayudó a superar una época oscura y cómo su fe la ayudó a recuperar y mejorar su vida. Tanto los éxitos como los obstáculos en la vida tienen varias facetas: María Antonieta delinea paso a paso lo que debes hacer para maniobrar los retos tanto de tu vida personal como profesional, hasta que descubras que unos giran alrededor de los otros.

Memorias